教職シリーズ 7
新井邦二郎・新井保幸 監修

進路指導

新井邦二郎 編

培風館

◆ 執筆者一覧 ◆
（2012 年 4 月現在）

新井　邦二郎	東京成徳大学大学院教授・筑波大学名誉教授〔編者〕	
花屋　哲郎	秀明大学学校教師学部准教授〔第 1 章〕	
森本　紀子	新潟大学非常勤講師〔第 2 章〕	
山田　智之	東京都町田市立町田第一中学校主幹教諭〔第 3 章〕	
永作　稔	駿河台大学心理学部准教授〔第 4 章〕	
本城　慎二	東京都立町田総合高等学校主任教諭〔第 5 章〕	
藤川　喜久男	元 埼玉県入間市立東金子小学校校長〔第 6 章〕	

本書の無断複写は，著作権法上での例外を除き，禁じられています。
本書を複写される場合は，その都度当社の許諾を得てください。

◆「教職シリーズ」の刊行に寄せて ◆

　私たち監修者は大学にて教職科目を担当してきた教育学や心理学の教員です．今回，培風館から「教職シリーズ」として次のような本を刊行します．

　1　『教職論』（編者：新井保幸・江口勇治）
　2　『教育基礎学』（編者：新井保幸）
　3　『教育内容・方法』（編者：根津朋実・吉江森男）
　4　『道徳教育論』（編者：高橋勝）
　5　『特別活動』（編者：林尚示）
　6　『生徒指導・教育相談』（編者：庄司一子・佐藤有耕）
　7　『進路指導』（編者：新井邦二郎）

　なお，『教育心理学』については，培風館の「心理学の世界」シリーズの『教育心理学』（新井邦二郎・濱口佳和・佐藤純　共著）として既刊されていますので，ご利用ください．

　文部科学省がまとめた「魅力ある教員を求めて」を見るまでもなく，教員の資質向上は常に求められています．学生は大学を卒業して教員として採用されると，即実践の場へと向かわなければなりません．教職として必要な知識をしっかりと学べるのは，大学時代に限られています．そこで本シリーズでは，魅力ある教員となるのに必要な知識とともに，実践の場でも役立てることができるような情報を取り込んでいます．また，教員採用試験直前になって本シリーズの本を振り返ることで試験対策となり，現場に立ってから本シリーズを振り返っても有益となるような情報がまとめられています．

　今日，日本の教育が大きな曲がり角に直面していることは誰もが認めるところです．その主な原因として，社会そのものの急速な変化をあげることが

できます。そのために，学校も家庭も変わらざるをえなくなり，教師や子どもの意識も大きな変化をみせています。しかし社会がどのように変わろうとも，教育の本質は子どもたちの幸福への願いです。それゆえ，子どもの幸福に貢献できるような教師に成長しなければなりません。本シリーズがそのために少しでも役立つことができれば幸いです。

　最後になりましたが，本シリーズの出版の最初から最後までサポートしてくださった培風館編集部の小林弘昌さんに御礼を申し上げます。

　　　　　監修者
　　　　　　新井邦二郎（筑波大学名誉教授，東京成徳大学応用心理学部教授）
　　　　　　新井　保幸（筑波大学大学院人間総合科学研究科教授）

編者序文

　本書は，教職について学習しようとする方を対象に書かれました。中学校，高等学校において「進路指導」は，こんにちたいへん重要な仕事となっています。また，「進路指導」よりも広い意味をもつ「キャリア教育」は，小学校から大学まで行われるようになりました。このように，どの学校種の教員を希望するにしろ，「進路指導」や「キャリア教育」の知識を身につけておくことが必要となってきました。

　「社会の成熟と個人の成熟とは反比例する」という人がいるように，日本を含めた世界の先進諸国では，ニートや引きこもりなど，社会の中で自己の役割を果たすことの困難な人が増えてきています。子どもから成人（おとな）に成長するということは，古今東西，親からの精神的自立と経済的自立を意味していました。しかし，先進諸国の若者には，そのどちらの自立もうまくいかないようなケースが少なくありません。その結果，本人たちも，また家族も，さらに社会も，苦しみを背負うことになります。学校を卒業したあと，仕事をもたずに年老いた両親の年金を頼りにして暮らす若い人，あるいは家族から離れ，ホームレスとして若き日々を過ごす人など，それぞれの人に個別の事情はあるでしょうが，けっして本人が望んで生じた事態であると思われません。

　精神医学や心理学で有名なフロイト（Freud, S.）の語った言葉として
　「人生のなかで大切なものは，愛することと働くことの2つである」
があります。「愛する」こととは，人間どうしお互いを大切にすること，尊重しあうことです。また「働く」こととは，今でいう「自己実現」のことです。すなわち，仕事において自分の能力やエネルギーを発揮することです。フロイトにしたがえば，日々の仕事をとおして自分の能力とエネルギーを発揮できて，そのうえ仕事の仲間や家族から大事にされ，尊重されるような関係にその身をおけるような人こそ，健全で幸福な人となります。しかし，それとは真逆な場合は，どうでしょうか。仕事がなくて，あるいはあっても仕

事のなかで自分の能力やエネルギーを発揮できなくて，そのうえ，だれも自分のことを大事にしてくれないような境遇に身をおかざるをえない人は，ほかの事柄が整っていたとしても，はたして幸福な人生を歩むことができるでしょうか。

以上のことから，社会に飛び立つ前の学校段階（主として小学校・中学校・高等学校）において行う「進路指導」や「キャリア教育」が，学習指導や生活指導に負けず劣らず重要なことであることを理解していただけると思います。それは，進路指導を担当する教師だけでなく，また最終学年を受けもつ教師だけではなく，クラスを担任する一人ひとりの教師，授業を担当する一人ひとりの教師，そして学校の運営に責任をもつ校長・副校長（教頭）の仕事に「進路指導」や「キャリア教育」を遂行する役割が付されているのだと考えていただきたく思います。

本書「進路指導」の執筆者はみな，大学にて「進路指導」や「キャリア教育」の授業を担当するなど，この分野で活躍されています。また，小学校，中学校，高等学校などにおいて，実際に「進路指導」や「キャリア教育」にあたっている執筆者もいます。ご多忙中にもかかわらず，執筆にご協力をいただけたことに心から感謝を申し上げます。

なお，「進路指導」や「キャリア教育」の分野は，社会の変化や進展と密接に関係しているので，今後も変容を続けるでしょう。本書を大学等の講義で利用される場合には，担当者の臨機応変的な対応をお願いする次第です。子どもたちが，学校卒業後も引き続き，健全で幸福な人生を歩むことができることに本書が役立つことを祈念しています。

最後になりますが，本書の出版に際し多岐にわたり労をとられた培風館編集部の岩田誠司さんに感謝いたします。

2012年3月

編者　新井邦二郎

目　　次

第1章　進路指導の意義と課題　　1

- 1-1　進路指導の意義　1
- 1-2　進路指導の課題　9

第2章　進路指導の歴史と基礎理論　　15

- 2-1　アメリカにおける歴史的展開　15
- 2-2　日本における歴史的展開　24
- 進路指導発達史略年表　28

第3章　進路指導の組織と体制　　35

- 3-1　教育基本法・学校教育法と進路指導　36
- 3-2　学習指導要領と進路指導　37
- 3-3　進路指導組織体制の現状　40
- 3-4　キャリア教育と授業時間との関係　42
- 3-5　教員全体の共通理解　44
- 3-6　各教員の進路指導に関連する役割　47
- 3-7　校内組織体制の確立　50
- 3-8　全体計画・題材関連図・年間指導計画　51

第4章　進路指導の評価と活用　　61

- 4-1　評価することの本質：誤解されやすい二つの点　61
- 4-2　評価の対象と内容：だれの何を評価するか　64
- 4-3　評価の実施：どのように評価するか　66
- 4-4　評価の活用：働きかけのねらい　69

第5章　進路指導の実際　　73

- 5-1　進路指導体験を振り返ってみる　73
- 5-2　何が進路指導を意義あるものとするのか　74
- 5-3　教師によくみられる進路指導へのかかわり方　75
- 5-4　進路指導とは何をするものか　77
- 5-5　担任として進路指導に取り組む　81
- 5-6　進路指導の計画　105
- 5-7　キャリア・カウンセリングの能力　105

第6章　進路指導からキャリア教育へ　　111

- 6-1　キャリア教育とは　112
- 6-2　キャリア教育にかかわる教育の動向　121
- 6-3　進路指導からキャリア教育へ　138

索　引　　147

第1章

進路指導の意義と課題

　学校教育における進路指導への期待，あるいはその重要性の認識が高まっている。それは，フリーターやニート，若者の早期離職，あるいは高等学校・大学の中退や就職内定率の低下などが，社会問題として注目されるからだけではない。それ以上に，現代社会の変化は激しく，その未来に私たちはどう歩みを進めていけばよいか，だれにとっても判断が難しいからである。

　いつの時代も進路指導は，目の前の子どもがその未来に喜びや充実感を得られることを願い，提供されてきた。子どもたちが現代社会を生きていくなかでさらされる問題や困難に向き合う姿を想像し，子どもたちがそれらを自力で乗り越えるために必要なことを考える教師の手によって，進路指導は進められてきた。

　進路指導とは何か。この問いについて，本章では，進路指導の理念と意義を確認し，そして進路指導を展開するうえで鍵となる課題を考察する。

1-1　進路指導の意義

　学校における進路指導は，「生き方の指導・援助」といわれる。進路指導は，学校教育全体の営みのなかに，どのように位置づけられるのか。そして

それは，学校教育の諸活動とどのように関連し，どのような意義を備えるのだろうか。

（1）学校教育の目的と進路指導

わが国の教育目的は，教育基本法に述べられているように，簡潔には「人格の完成」（the full development of personality）である（表1-1）。すなわち，学校教育は，人格（パーソナリティ）の完成（十分な発達・開発）をめざして，生徒に働きかける。すべての学校は，この目的を果たすための社会的な使命を背負っているのである。

表1-1　教育の目的・目標（教育基本法，2006年改正）

第1章　教育の目的及び理念 第1条（教育の目的） 　教育は，人格の完成を目指し，平和で民主的な国家及び社会の形成者として必要な資質を備えた心身ともに健康な国民の育成を期して行われなければならない。 第2条（教育の目標） 　教育は，その目的を実現するため，学問の自由を尊重しつつ，次に掲げる目標を達成するよう行われるものとする。 1　幅広い知識と教養を身に付け，真理を求める態度を養い，豊かな情操と道徳心を培うとともに，健やかな身体を養うこと。	2　個人の価値を尊重して，その能力を伸ばし，創造性を培い，自主及び自律の精神を養うとともに，職業及び生活との関連を重視し，勤労を重んずる態度を養うこと。 3　正義と責任，男女の平等，自他の敬愛と協力を重んずるとともに，公共の精神に基づき，主体的に社会の形成に参画し，その発展に寄与する態度を養うこと。 4　生命を尊び，自然を大切にし，環境の保全に寄与する態度を養うこと。 5　伝統と文化を尊重し，それらをはぐくんできた我が国と郷土を愛するとともに，他国を尊重し，国際社会の平和と発展に寄与する態度を養うこと。

　この目的を果たすために，教育方法上のコンセプトとして，学校教育は二つの教育機能を備える。それらは，学習指導と生徒指導である（図1-1）。この二つの機能を教職員が分担・協同して担い，保護者や地域住民の理解と協力を得ながら，さまざまな個別・集団の教育活動にそれぞれの意図を託して生徒に提供するのである。

　学習指導の機能は，世界や自国の文化や価値を教科内容として整理し，人が文化的生活を送り，文化を維持，発展させるための知識と技能を生徒が身

図1-1　学校教育の二大機能と進路指導

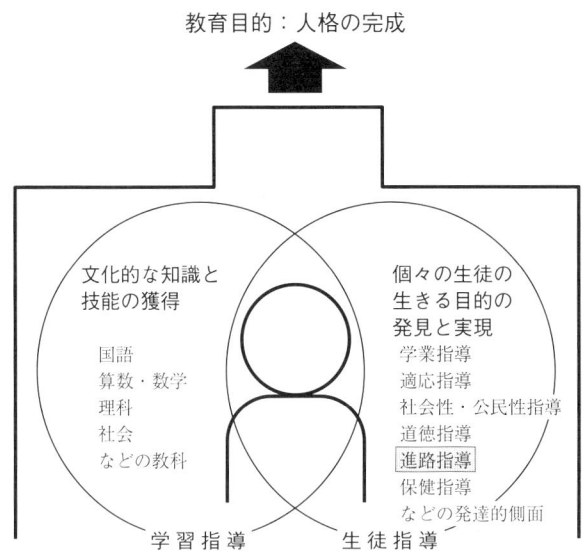

につけることを第一に意図して働きはじめる。それは，主に教科の授業のなかで取り組まれる。

　一方，生徒指導の機能は，個々の生徒の，いま，そこにあるさまざまな思いや願いと発達状態を出発点に，彼らが生きる目的を発見し実現していく力を身につけることを第一に意図して働きはじめる。それは，主に特別活動において，そのなかでも学級活動やホームルーム活動を中心的な場として取り組まれる。

　進路指導は，概念上（図1-1），生徒指導に含まれる一つの発達的側面の指導として位置づけられてきた（文部省，1981）。学習指導と生徒指導は，統合的に作用することによって，学校教育は健全に機能する。したがって，進路指導は，生徒一人ひとりが，生きていくなかで抱える問題や自分の思い・願いに気づくことを第一に求め，そのことを自分の生き方と，生きていく社会や世界，特に職業・労働とのかかわりのなかで理解し解決すること，あるいは，自分の生きる目的を発見し実現していくことを援助する教育機能といえる。

(2) 進路指導の定義と一般的原理

現在，広く参照されている進路指導の定義は，『中学校進路指導の手びき——中学校学級担任編』において，次のように述べられている。

> 進路指導とは，生徒の個人資料，進路情報，啓発的経験および相談を通じて，生徒みずから，将来の進路の選択，計画をし，就職または進学して，<u>さらにその後の生活によりよく適応し，進歩する能力を伸長する</u>ように，教師が組織的，継続的に援助する過程である。（文部省，1961，p. 1；下線は筆者）

なお，下線部について「『将来の生活における職業的自己実現に必要な能力や態度を育成する』という広い理念を意味するもの」（文部省，1983a，p. 7）という説明が加えられている。

また，文部省は『中学校・高等学校進路指導の手引——高等学校ホームルーム担任編』において，進路指導を次のようにも定義している。

> 進路指導は，生徒の一人ひとりが，自分の将来への関心を深め，自分の能力・適性等の発見と開発に努め，進路の世界への知見を広くかつ深いものとし，やがて自分の将来への展望を持ち，進路の選択・計画をし，卒業後の生活によりよく適応し，社会的・職業的自己実現を達成していくことに必要な，生徒の自己指導能力の伸長を目指す，教師の計画的，組織的，継続的な指導・援助の過程（である）。（文部省，1983b，p. 3）

これらの定義には，進路指導の目的と方法が簡潔に込められている。すなわち，自己実現に必要な能力や態度を育成するために，進路指導の6つの教育活動（自己理解の深化，進路情報の豊富化，啓発的経験，進路相談，就職進学の指導援助，および卒業者の追指導）を行う，と。いっそう重要な点は，進路指導が，生徒自らがそれら教育活動に主体的に取り組むよう，教師が組織的，継続的に援助する過程である，という点である。「生徒自ら」は自己決定を導びくことを，「援助」は生徒自身の主体的な探索や決定を支えることを，そして「過程」は，一連の教育活動を継続的に実践して育てることを意味する。

このような進路指導が個々の学校において実現されるために，進路指導実践の依拠する一般的原理が指摘されている（文部省，1983c；仙﨑 他，

2000；吉田，2001）。それは，進路指導の根源的な性質を以下の三つの側面（目的的原理，実践の原理，組織・運営の原理）から描き出している。

①**目的的原理**：社会人・職業人としての全面発達への援助をめざす目的的な教育活動，発達段階に応じた「進路発達」を援助する計画的・継続的な教育活動，自己実現の能力・態度を育成する意図的な教育活動。

②**実践の原理**：能力・適性などを伸長する実践的活動，職業観・勤労観などの形成を援助する実践的活動，将来の進路設計能力を育成する実践的活動，進路発達の促進のための実践的活動，選択決定能力を育成する実践的活動。

③**組織・運営の原理**：計画的・継続的な運営・取り組み，全校体制・全教師の協力，学校外（家庭・地域）との協力・連携，適切な評価の実施と活用。

〈コラム〉

進路指導は，学校内にとどまることなく，ハローワークなどの職業行政，さらには産業界のキャリア開発とのつながりや広がりを備えて発展してきた。進路指導の源流は，19世紀末の学校内外に見いだされる。この分野を専門的に支える日本キャリア教育学会は，進路指導の「総合的定義」と，各論としての「学校における定義」を明示する。進路指導は，公共，民間を問わず，学校や職場における専門的立場の援助者が体系的，継続的に援助する過程である。それは，進路の選択と実現にかかわる，人の生涯のあらゆる機会に提供されることが望まれる。（藤本，1987，pp.37-39）

（3）学校における進路指導の重要性と意義

進路指導の重要性とそれに期待される意義は，教育基本法や学校教育法（表1-2），および学習指導要領（総則）（表1-3）の規定にもみることができる。進路指導と関連する主な規定を表に抜粋した。

1947年の成立以来，初めて改正された教育基本法（2006年改正）には，「教育の目標」（第2条）として新たに5項目が加えられた（表1-1を参照）。さらに，改正教育基本法を受け，学校教育法の一部が2007年に改正された。その要点は，新たに義務教育の目標を定め，各学校種の目的・目標を見直したことである。

表1-2　教育関連法規にみる進路指導（抜粋）

〔教育基本法〕
第2条第2項　個人の価値を尊重して，その能力を伸ばし，創造性を培い，自主及び自律の精神を養うとともに，職業及び生活との関連を重視し，勤労を重んずる態度を養うこと。

〔学校教育法〕
第2章（義務教育）
第21条第4項　家族と家庭の役割，生活に必要な衣，食，住，情報，産業その他の事項について基礎的な理解と技能を養うこと。

同　第10項　職業についての基礎的な知識と技能，勤労を重んずる態度及び個性に応じて将来の進路を選択する能力を養うこと。

第6章（高等学校）
第50条　高等学校は，中学校における教育の基礎の上に，心身の発達及び進路に応じて，高度な普通教育及び専門教育を施すことを目的とする。

第51条第2項　社会において果たさなければならない使命の自覚に基づき，個性に応じて将来の進路を決定させ，一般的な教養を高め，専門的な知識，技術及び技能を習得させること。

　これら関連法規の規定は，小学校，中学校，高等学校などの間の教育的な連続性を強化し，その教育の目標のなかに進路指導の重要性を基礎づけている（表1-2を参照）。すなわち，「個人の価値を尊重」することを前提に据え，個人の能力，創造性，自主自立の精神を養うことを掲げる。このことが個人の職業・生活と関連することを生徒に気づかせ，勤労観・職業観を育てることを，教育の目標の一つとして規定している。その目標の基準は，学校教育法のなかで「進路の選択」から「進路の決定」へと，発達段階に応じて示されている。

　各学校の教育課程編成を規定する学習指導要領（総則）では，中学校と高等学校でともに，体験的な活動が強調され，道徳性との関連が重視されている（表1-3を参照）。指導計画の作成に際しては，自らの生き方を考え主体的に進路を選択すること（進路指導），自主的に判断，行動し積極的に自己を生かすこと（生徒指導），現在および将来の生き方を考え行動すること（ガイダンスの機能）に配慮するよう，「生き方の指導・援助」の重要性が重ねて述べられている。さらに，高等学校では，職業教育との関連を強め，「学校設定教科」の学校裁量が示され，キャリア教育を推進することなど，進路指導を中核とする職業的な教育内容が重視されている。

　これらの規定だけでも，進路指導の重要性が十分に確認できる。このような指導が深化，統合される場は特別活動であり，特に中学校では学級活動，

表1-3　学習指導要領（総則）にみる進路指導（抜粋）

〔中学校学習指導要領（平成20年告示）〕
第1章　総則
第1　教育課程編成の一般方針
2　道徳教育を進めるに当たっては，教師と生徒及び生徒相互の人間関係を深めるとともに，生徒が道徳的価値に基づいた人間としての生き方についての自覚を深め，家庭や地域社会との連携を図りながら，職場体験活動やボランティア活動，自然体験活動などの豊かな体験を通して生徒の内面に根ざした道徳性の育成が図られるように配慮しなければならない。（一部抜粋）
第4　指導計画の作成等に当たって配慮すべき事項
2 (3) 教師と生徒の信頼関係及び生徒相互の好ましい人間関係を育てるとともに生徒理解を深め，生徒が自主的に判断，行動し積極的に自己を生かしていくことができるよう，生徒指導の充実を図ること。
　(4) 生徒が自らの生き方を考え主体的に進路を選択することができるよう，学校の教育活動全体を通じ，計画的，組織的な進路指導を行うこと。
　(5) 生徒が学校や学級での生活によりよく適応するとともに，現在及び将来の生き方を考え行動する態度や能力を育成することができるよう，学校の教育活動全体を通じ，ガイダンスの機能の充実を図ること。

〔高等学校学習指導要領（平成21年告示）〕
第1章　総則
第1款　教育課程編成の一般方針
4　学校においては，地域や学校の実態等に応じて，就業やボランティアにかかわる体験的な学習の指導を適切に行うようにし，勤労の尊さや創造することの喜びを体得させ，望ましい勤労観，職業観の育成や社会奉仕の精神の涵養に資するものとする。
第2款　各教科・科目及び単位数等
5　学校設定教科
(2) 学校設定教科においては，学校設定教科に関する科目として「産業社会と人間」を設けることができる。この科目の目標，内容，単位数等を各学校において定めるに当たっては，産業社会における自己の在り方生き方について考えさせ，社会に積極的に寄与し，生涯にわたって学習に取り組む意欲や態度を養うとともに，生徒の主体的な各教科・科目の選択に資するよう，就業体験等の体験的な学習や調査・研究などを通して，次のような事項について指導することに配慮するものとする。
ア　社会生活や職業生活に必要な基本的な能力や態度及び望ましい勤労観，職業観の育成
イ　我が国の産業の発展とそれがもたらした社会の変化についての考察
ウ　自己の将来の生き方や進路についての考察及び各教科・科目の履修計画の作成
第5款　教育課程の編成・実施に当たって配慮すべき事項
4　職業教育に関して配慮すべき事項
(1) 普通科においては，地域や学校の実態，生徒の特性，進路等を考慮し，必要に応じて，適切な職業に関する各教科・科目の履修の機会の確保について配慮するものとする。
(3) 学校においては，キャリア教育を推進するために，地域や学校の実態，生徒の特性，進路等を考慮し，地域や産業界等との連携を図り，産業現場等における長期間の実習を取り入れるなどの就業体験の機会を積極的に設けるとともに，地域や産業界等の人々の協力を積極的に得るよう配慮するものとする。
5　教育課程の実施等に当たって配慮すべき事項
(2) 学校の教育活動全体を通じて，個々の生徒の特性等の的確な把握に努め，その伸長を図ること。また，生徒が適切な各教科・科目や類型を選択し学校やホームルームでの生活によりよく適応するとともに，現在及び将来の生き方を考え行動する態度や能力を育成することができるよう，ガイダンスの機能の充実を図ること。
(3) 教師と生徒の信頼関係及び生徒相互の好ましい人間関係を育てるとともに，生徒理解を深め，生徒が主体的に判断，行動し積極的に自己を生かしていくことができるよう，生徒指導の充実を図ること。
(4) 生徒が自己の在り方生き方を考え，主体的に進路を選択することができるよう，学校の教育活動全体を通じ，計画的，組織的な進路指導を行い，キャリア教育を推進すること。

高等学校ではホームルーム活動である。しかし，実際には，「学校教育活動全体を通じて」と述べられているように，より多面的で重層的に進路指導の作用が学校教育活動の全体に及ぶことが期待されている。

　進路指導は，学校においてどのような意味をもつのか。以下，これまで確認してきた内容をもとに，進路指導の意義を整理する。

①生き方の指導・援助

　進路指導は，どのように生きたいか，どのような人でありたいか，このような中心的な問いについて，一人ひとりの生徒が自ら答えをみつけ，進路を探索し，選択していくことを指導・援助する。個人と社会の結びつき（進路・職業の選択）と，その結びつきのつながりが個人の人生（キャリア）をつくっていく。このことに対する気づきを促し，進路設計とその実現に向けて，教師は指導・援助する。進路指導は，生徒が個々の生き方への自覚を深めていく指導・援助である。

②育てる過程としての指導・援助

　自己理解を拡大，修正，深化させるとともに，自分が生きている社会・世界や，そこにある職業・産業などの進路・職業理解を拡大，修正，深化させていくことが，生徒には必要である。そのような自己理解・自己概念，進路・職業理解，進路・職業の探索と選択・決定についての発達課題を生徒が達成するよう，あるいは，発達課題に含まれる能力や態度を生徒が身につけるように進路指導は取り組まれる。それは，発達を促していく，育てる指導・援助である。したがって，進路指導は，発達段階に即した教育計画を備え，継続的に生徒を育てていく過程となる。

③具体的・現実的な理解を進める指導・援助

　職業・労働や上級学校に対する理解が，曖昧な，あるいはイメージのなかだけのものであっては，進路・職業の選択や進路設計は難しく，進学・就職後の困難も抱えやすい。進路指導は，体験的な学習や進路・職業情報の収集などの啓発的経験を通じて，自己と進路・職業の具体的，現実的な理解を進めていく指導・援助である。

④自己決定能力を中核とする指導・援助

　自己決定能力は，自己実現のための中核的能力である。進路指導においては，育てようとするさまざまな能力や態度のなかでも，自己決定能力を中核に据える。私たちは，さまざまな選択の場面や機会での自己決定を経験するなかで，自己決定能力を養い，その連続としての人生の現実に気づき，自己の生き方を自覚していく。

⑤教育活動全体に意識される指導・援助

　進路指導は，特別活動だけでなく，各教科・科目，道徳，総合的な学習の時間などのさまざまな教育活動を，自己の生き方に意味づけることを求める。それは，なぜこれを学ぶのか，これは自分の現在と将来にどう関連するのかなどの問いを意識的に発することである。

⑥地域社会の教育資源を必要とする指導・援助

　どのような教育活動も，保護者や地域の人々の理解と協力は欠かせない。進路指導は，親や職業人の生活役割モデル，体験的活動などを通じた働くことの学習機会，あるいは「生き方」の実例として，地域社会にある教育資源を必要とする。

1-2　進路指導の課題

　進路指導が，従来から批判されてきた「出口指導」ではなく，その意義を現実に備えた「生き方の指導・援助」となるためには，どうすればよいであろうか。本節では，進路指導を展開する教師にとって鍵となる課題を考察しよう。そのために，まず，生徒が生きていく社会と，生徒の抱える問題の様子を確認する。

(1) 生きていく社会の様子

　私たちの社会が近年抱える問題は，少子高齢化，高度情報化，国際化などの急速な変化によって生み出されている。それらには，社会保障，環境問題，経済の活力の維持，地域間の格差の広がり，世代をまたがる社会的・経

済的格差の固定化への懸念，社会における安全・安心の確保などがある。

　グローバル化の進む金融，経済，産業界の出来事は，規模と速度においてその影響力を増している。たとえば，米国のサブプライムローン問題が，日本の自動車・製造業関連企業とその労働者の生活に危機的な状況をもたらすまでに半年もかからなかった。

　今後，これまで以上に変化の激しい時代が到来することが予想されている。その全体像をとらえることは難しいが，中央教育審議会は『教育振興基本計画について──「教育立国」の実現に向けて──（答申）』のなかで，今後の10年間程度を展望し，次のような変化を予想している。以下にその要約を示す（中央教育審議会，2008）。

① 少子化の進行により，人口が減少し，若年者の割合が低下する一方で，人口の4人に1人が65歳以上という超高齢社会に突入する。
② グローバル化の進行と中国などの経済発展により，国際競争が激しさを増す。同時に，国内外で異文化交流の機会が増え，異文化との共生の必要性が高まる。「知識基盤社会」が到来し，知的・文化的価値に基づく「ソフトパワー」がビジネスや外交の鍵になる。
③ 地球温暖化問題をはじめ，さまざまな環境問題が複雑化，深刻化する。
④ 産業構造はサービス産業化の方向に，雇用のあり方は非正規雇用の増大や成果主義・能力給賃金の導入の方向にさらに進む。
⑤ 個々の価値観やライフスタイルはいっそう多様化し，直接対面しないコミュニケーション（インターネットや携帯電話等）がさらに進む。

（2）教育問題からみる子どもの様子

　キャリア教育の推進に関する総合的調査研究協力者会議（2004）は，進路指導をめぐる問題として，以下の四点をあげた（報告書，pp.3-6）。

① 経済のグローバル化が進展し，コスト削減や経営の合理化が進む中，雇用形態等も変化し，求人の著しい減少，求職と求人の不適合が拡大している。
② 若者の勤労観，職業観の未熟さ，職業人としての基礎的資質・能力の低下等が指摘されている。

③ 精神的・社会的自立が遅れ，人間関係を築くことができない，進路を選ぼうとしないなどの子どもたちが増えつつあることが指摘されている。
④ 高等教育機関への進学割合の上昇等に伴い，いわゆるモラトリアム傾向が強くなり，進学も就職もしようとしなかったり，進路意識や目的意識が希薄なまま「とりあえず」進学したりする若者の増加が指摘されている。

これらは，進路指導の視点にたってとらえた問題である。不登校，暴力行為，いじめ，高校中途退学，自殺等の問題行動も，決して進路指導と無関係な問題ではない。不登校で学習が遅れる子ども，感情制御が苦手で孤立する子ども，他者の痛みもわからず尊厳を傷つける子どもと傷つけられる子どもも，自分の将来を自ら放棄してしまう子どもなど，どの子どもも現在と将来に及ぶ問題を抱える。

フリーターやニート，若年者の早期離職の問題も，進路指導からとらえられた問題である。現実の彼らは，人付き合いなどの社会生活に自信がもてない，自分に向いている仕事がわからない，求職活動の仕方がわからないなどの問題を抱える。具体的な将来を描けず，働く意欲ももてないなどの困難を抱える。中・高卒者の求人は1992年以降に激減し続け，1999年以降の求人倍率は，1.0％以下でほぼ推移する事情もある。

さらに，学力の低下や格差の問題は，その規模においても問題性においても重大である。なぜならば，学年進行とともに，この国の多くの子どもたちから，学ぶことの意味や価値が見失われていくからである。佐藤 学は，「学び」からの逃走という深刻な危機が児童生徒の7～8割を襲い，それが急速に広まっていると警鐘を鳴らす。この現象について，以下のように指摘する。

「学び」からの逃走とは，少なくとも学校外では全く勉強をしないことを指す。この現象は，小学校高学年から始まり，小学校高学年で男子が勉強熱心な3割近くの子どもと勉強嫌いな7割近くの子どもに分岐し，中学校に入ると女子も勉強熱心な3割と勉強嫌いな7割以上の子どもに分岐する。小学校高学年から中学3年にかけて，年々その傾向は激しくなる。女子の方が深刻である。

「学力低下」問題は，実は「学力の偏り」「教養の解体」である。大学

入試科目削減と「ゆとり」による内容削減，選択中心の教育課程が原因である。

「学び」から逃走する子どもは，自立する以前に「生涯学習社会」から排除され，学ぶことに対する虚無主義と冷笑主義を身につけていく。

（佐藤，2000）

（3）進路指導をめぐる学校の重要課題

これから教師が出会う子どもたちは，変化の激しい時代の，全国規模，地球規模の問題を抱える社会を生きていく。金融，経済，産業のグルーバル化と，サービス産業化に進む国内の産業構造の急速な変化が，子どもたちの将来の雇用環境を厳しいものにしていく。

何を選択して進めば，喜びや充実感の得られる生き方ができるのか，その選択肢を提供する社会や世界は，急速に複雑に変化していく。このような社会を生きていく現代の子どもたちは，学ぶことの意味に気づけず，働く意欲をもてない困難を抱えはじめている。

進路指導に寄せられる社会的期待は，その意義からして大きい。その課題は大小，多岐に及び，重大でもある。

キャリア教育の推進に関する総合的調査研究協力者会議（2004）や中央教育審議会（2008）は，現代の社会と子どもについての既述の問題認識から，教育課題として，キャリア教育の推進を提言した。教育行政は，2004（平成16）年度以降，キャリア教育の普及に精力的に取り組んでいる。

進路指導は，キャリア教育の中核である。文部科学省委託事業の進路指導に関する総合的実態調査（日本進路指導協会，2006a；2006b）では，生徒・保護者ともに，進学先の選択基準が合格可能性に偏る一方，個性や適性の理解，人生設計，学ぶことや働くことの意義や目的などの指導を生徒が望んでいることが報告されている。㈱リクルートによる「高校の進路指導に関する調査」（井上，2007）によると，進路指導の困難な要因として，選択・決定能力の不足，基礎学力の低下などの生徒の，不十分な校内連携，旧態依然とした価値観，十分な時間を割けないなどの学校の，入試の易化・多様化などの進路環境の，および進路環境変化を認識していない保護者の，それぞれの要因が指摘されている。

これらの課題には，従来の学校が解決してこなかったものと，新たに学校が直面しているものとが混在する（仙﨑 他，2000）。課題解決への手がかりが，第2章以降に詳しく述べられよう。

　各学校の教師にとって最も重要な進路指導の課題は，従来の全体計画を総合化，プログラム化することである。それは，目前の生徒が進路発達課題を段階的に達成していく過程へと，進路指導の全体計画を作り替える作業である。それは同時に，学ぶ意味と働く意欲を生み出していく過程への作業となる。進路先決定の期日などを計画するだけではなく，むしろ，卒業までに生徒に育てる能力や態度を目標として設定し，段階的な目標を達成していく教育活動を洗い出して年間計画のなかでつなげていくことに焦点をあてる必要がある。大小多岐に及ぶ諸課題の解決は，進路指導の支柱となる全体計画の設計，実施，および評価（文部科学省，2006；米国スクール・カウンセラー協会，2004；八並・國分，2008）にかかっている。

［花屋哲郎］

【引用・参考文献】

米国スクール・カウンセラー協会／中野良顯 訳 『スクール・カウンセリングの国家モデル――米国の能力開発型プログラムの枠組み』 学文社　2004

中央教育審議会 『教育振興基本計画について――「教育立国」の実現に向けて――（答申）』 2008

藤本喜八 「進路指導の定義について」『進路指導研究』8，1987

井上智生 「2006年高校の進路指導に関する調査（報告書）」㈱リクルート　2007 (http://shingakunet.com/career-g/data/report00.html（2012年3月23日確認））

文部科学省 「キャリア教育の推進に関する総合的調査研究協力者会議（報告書）～児童生徒一人一人の勤労観，職業観を育てるために～」 2004

文部科学省 『小学校・中学校・高等学校 キャリア教育推進の手引―児童生徒一人一人の勤労観，職業観を育てるために―』 2006 (http://www.mext.go.jp/a_menu/shotou/career/06122006.htm（2012年3月23日確認））

文部省 『中学校進路指導の手びき――中学校学級担任編』 日本職業指導協会　1961

文部省 『生徒指導の手引（改訂版）』 大蔵省印刷局　1981

文部省 『中学校・高等学校進路指導の手引――中学校学級担任編（改訂版）』 ㈶日本進路指導協会　1983a

文部省 『中学校・高等学校進路指導の手引――高等学校ホームルーム担任編』 ㈶日本進路指導協会　1983b

文部省 『中学校・高等学校進路指導の手引——組織・運営編』 ぎょうせい 1983c
日本進路指導協会 『中学校における進路指導に関する総合的実態調査報告書』 ㈶日本進路指導協会 2006a
日本進路指導協会 『高等学校における進路指導に関する総合的実態調査報告書』 ㈶日本進路指導協会 2006b
佐藤 学 『「学び」から逃走する子どもたち』（岩波ブックレット No.524）岩波書店 2000
仙﨑 武・野々村 新・渡辺三枝子・菊池武剋 編 『入門 進路指導・相談』 福村出版 2000
八並光俊・國分康孝 編 『新生徒指導ガイド 開発・予防・解決的な教育モデルによる発達援助』 図書文化社 2008
吉田辰雄 編 『21世紀の進路指導事典』 ブレーン出版 2001

第2章

進路指導の歴史と基礎理論

　日本で「進路指導」という用語が定着したのは昭和30年代のことである。それまでは「職業指導」とよばれており，この用語はアメリカにおけるvocational guidance の訳語があてられていた。わが国で，この職業指導という語が初めて用いられたのは，1915（大正4）年12月に出版された『現今の教育』（入澤宗壽著）においてである。わが国の進路指導は，草創期においても，発展の過程においても，アメリカの進路指導の影響を強く受けてきたといっても過言ではない。本章では，まず，簡潔にアメリカにおける進路指導（職業指導）の歴史的沿革をまとめ，続いて，日本の場合にふれてみたい。

2-1　アメリカにおける歴史的展開

(1) 草創期の展開

　アメリカにおける，職業指導（vocational guidance）の発端は，1909年，パーソンズ（Parsons, F.）の『職業選択法（Choosing a Vocation）』が刊行されたことであった。彼はそのなかで，職業の賢明な選択には次の三段階モデルがあるとしている。

> 1. 自分自身の適性，能力，興味，志望，資源，限界，気質の明確な理解。
> 2. さまざまな種類の仕事の要求，成功の条件，有利不利，報酬，機会，期待の理解。
> 3. 以上の情報を合理的に推論，結合して職業（進路）を選択。

　vocational guidance の誕生当時のアメリカは，ヨーロッパ各地からの移民であふれており，特に東海岸の工業地域では，職を求める移民たちが激増し，彼らに対する職業訓練と就職サービスの提供が社会的課題となっていたという時代背景があった。パーソンズは，ボストン市に住む移民たちを支援するため，1901年に開かれた市民厚生館（Civic Service House）の活動に参加しているうちに，施設を利用している青少年たちの多くが職業選択の指導を必要としていることに気づいたのである。市民厚生館内に本格的な職業指導施設（vocational bureau）が設立されたのは，1908年のことである。

　パーソンズは，この年の9月に亡くなったが，その遺志を受け継いだブルームフィールド（Bloomfield, M.）は，同志たちと1910年に第1回全国職業指導会議を開催した。そして，1913年には，全国職業指導協会（The National Vocational Guidance Association, NVGA）が創設された。パーソンズが唱えた理論は後年「特性・因子理論」とよばれているが，この理論は，ある個人と仕事との関係を1対1の関係でとらえながら，その個人に適した職業は一つしかなく，その職業に向く個人は限られているという，いわゆる"適材適所"の考え方（matching theory）であった。

（2）職業指導の理論化とスーパーの職業的発達理論

　ギンズバーグ（Ginzberg, E.）は，個人の職業選択の過程を，ひとつの発達的過程としてとらえることが重要であるとし，職業的発達理論の構築を提唱した。従来，職業選択という行為は，選択時点における一回限りの出来事であるととらえる傾向があったが，ギンズバーグは，職業選択という行為は個人の心理学的要素と現実的要素の相互作用における妥協の産物であることを明らかにした。

　このギンズバーグによる仮説的な職業的発達理論は，スーパー（Super, D.

E.）によって理論的・実証的に集大成された。スーパーは，職業的発達の過程として，12の命題に整理している（Super, D. E.／日本職業指導協会訳『職業生活の心理学』誠信書房，1957年より引用）。

> 1. 職業的発達は，常に前進する継続的な，一般に後戻りのできない過程である。この過程は「成長」「探索」「維持」「下降」という生活段階のシリーズとして記述することができる。
> 2. 職業的発達は，順次性があり，類型化でき，したがって予測することができる一つの過程である。
> 3. 職業的発達はダイナミックな過程である。この過程は多くの心理的要因と社会的要素との相互作用の過程であり，それらの統合の過程である。
> 4. 自己概念は，青年期以前に形成されはじめ，青年期にさらに明確になり，青年期に職業的用語に置き換えられる。
> 5. 現実的要因（個人的特性という現実と社会という現実）は，青年前期から成人へと年齢が増すにつれて，職業選択上ますます重要な役割を果たすようになる。
> 6. 両親，またはそれに代わる人との同一視は，適切な役割の発達，相互に一貫性と調和のある役割取得に影響を与え，また，職業計画やその結果という点から行う個人の役割の意味づけの仕方とも関連性がある。
> 7. 個人の，ひとつの職業水準から他の水準への垂直移動の方向と率（回数）は，知能，親の社会的，経済的水準，地位要求，価値，興味，対人関係の技術，経済界における需要と供給の状態などと関係がある。
> 8. 個人が入る職業の分野は，その人の興味，価値，要求，両親，またはそれに代わる人の役割モデルとの同一視，その人が利用する地域社会の資源，教育的背景の水準と質，地域社会の職業構造，職業の動向，職業に対する態度などと関係がある。
> 9. 各職業は，能力，興味，性格特性について特徴的な型を要求するが，一つの職業にさまざまなタイプの人が従事できるし，一人の人がいくつかの異なる職業に従事することができるなどの許容性が認められる。

10．職業満足や生活上の満足は，個人がその能力，興味，価値，性格特性に対するはけ口を仕事のなかで見いだすことができる程度に依存する。

　11．個人が仕事から得る満足度は，その人が自分の自己概念を実現できた程度に比例する。職業的発達は自己概念の発達でもある。そして，職業適応の過程は自己概念を実現する過程である。

　12．仕事と職業は，たいていの男女にとって人格構造上のひとつの焦点となる。一部の人々にとっては，この焦点が一時的，偶然的，またはまったく存在しなかったりする。また，社会活動や家庭が焦点となることもある。

　なお，スーパーの「職業生活の諸段階」を表2-1に示した。(また，スーパーは，人のライフ・キャリアの概念を「ライフ・キャリア・レインボー」として図式化している。これについては第6章の図6-2を参照されたい。)

(3) キャリア・エデュケーションの提唱と展開

　キャリア・エデュケーションとは，1970年代の初頭から，アメリカ連邦教育局（現・教育省）の提唱により，全米の学校や家庭，地域社会で推進された進路教育運動のことである。

　アメリカの教育改革の発端は，1957年にアメリカに先駆けソ連が人工衛星スプートニク号を初めて宇宙に打ち上げた時にはじまる。ポストマン（Postman）とウェインガートナー（Weingartner）らは，このスプートニク・ショックを「学校批判の時」とよんだ。

　ポストマンとウェインガートナーらは，さらにその時代に起きた教育の危機を，次のように分けた。それは，パニック期Ⅰ（1957～60年），ロマンティック期（1960～70年），パニック期Ⅱ（1970年代初め）である。すなわち，教育批判は，1950年代後半から1970年代前半にかけて10年以上にかけて展開されていったのである。

　これらの時代の教育批判をマックナリー（McNally）とパッソー（Passow）らの言葉を借りて具体的に述べると，次の三点があげられる。第一

表2-1　職業生活の諸段階

段階	職 業 的 発 達	副 次 段 階
成長段階（誕生〜14歳）	自己概念は，家族・隣人・学校における主要人物との同一視を通して発達する。欲求と空想はこの段階の初期において支配的である。興味と能力は社会参加と現実吟味の増大に伴い，この段階で一層重要になる。	空想期（4〜10歳） 欲求中心・空想の中での役割遂行が重要な意義を持つ。 興味期（11〜12歳） 好き嫌いが志望と活動の主たる決定因子となる。 能力期（13〜14歳） 能力に一層重点が置かれる。そして職務要件（訓練を含む）が考慮される。
探索段階（15〜24歳）	学校，余暇活動，パートタイム労働において，自己吟味，役割試行，職業上の探索が行われる。	暫定期（15〜17歳） 欲求，興味，能力，価値観，雇用機会のすべてが考慮される。暫定的な選択がなされ，それが空想や討論，課程，仕事などの中で試みられる。 移行期（18〜21歳） 青年が労働市場又は専門的訓練に入り，そこで自己概念を充足しようと試みる過程で，現実への配慮が重視されるようになる。→特定化 試行期（22〜24歳） 一見して適切な分野に位置付けられると，その分野での初歩的な職務が与えられる。そしてそれが生涯の職業として試みられる。→充足化
確立段階（25〜44歳）	適切な分野が見付けられ，その分野で永続的な地歩を築くための努力がなされる。この段階の初めにおいて若干の試行が見られ，その結果，分野を変える場合があるが，試行なしに確立が始まるものもある。特に専門職の場合がこれである。	試行期と安定期（25〜30歳） 自分に適していると考えた分野が不満足なものだとわかり，その結果，生涯の仕事を見出さないうちに，あるいは今は関連が無いような職務が後で生涯の仕事につながるということがはっきりしないうちに，分野を1〜2回変更することとなる。 強化と昇進期（31〜34歳） キャリア・パターンが明瞭になるにつれて，職業生活における安定と保全のための努力がなされる。多くの人にとってこの年代は生涯で最も創造的な時代である。
維持段階（45〜64歳）	職業の世界である地歩を既に築いたので，この段階での関心はその地歩を保持するにある。新しい地盤が開拓されることはほとんどなく，既に確立されたラインの継続が見られる。人によっては革新を続け，確立のプロセスが継続する。	
下降段階（65歳以降）	身体的，精神的な力量が下降するにつれて，職業活動は変化し，そのうち休止する。新しい役割が開発されねばならない。いわば最初に気が向いたときだけの参加者という役割，次いで参加でなしに傍観者としての役割をとるようになる。	減速期（65〜70歳） 場合によっては公式の引退（定年）のときであり，時には維持段階の後期に当たる。そして，仕事のペースは緩み，職責は変化し，時には下降した能力に合わせて仕事の性質が変容する。多くの人は常用的な職業の代わりにパートタイムの職務を見出す。

(Super, D. E, and Bohn, M. Jr.(1970), *Occupational Psychology*, Wadsworth Publ. Co.（藤本喜八・大沢武志 訳『職業の心理』ダイヤモンド社，1973）より引用)

に，個々人と教育機会の平等について考えなければならないこと。第二に，何を学ぶことが重要なのかを考えなければならないこと。そして第三に，学校での学習と学校—社会の関係を考えなければならないこと，である。

このような背景のなかで，1971年1月23日にテキサス州のヒューストンで開かれた全国中等学校長大会の席上での，アメリカ連邦教育局第19代長官（当時）のマーランド（Marland, S. P. Jr.）のスピーチ"Career Education Now"はキャリア・エデュケーションを考えるうえで，重要な意味をもっている。そのスピーチを要約すると，次のようになる。

> 不確かさということが，我々の時代のホールマーク（筆者注：目立った特徴）である。なぜなら，多くの教育者たちが一方で生徒たちの学習要求を満たし，他方では国家が必要としている社会的，経済的要求を満たすにはどうしたらよいか，暗中模索の状態だからである。この会合に出席している方々のほとんどは中等学校の校長である。私を含め出席者のほとんどは，大学進学に重きをおき，職業—技術教育は二の次と考えておられる方も多いのではないかと愚考する。しかし，毎年何百人，何千人という生徒諸君が高校を中退していくからといって，どうしてその先生方を非難することができようか。中途退学者は，職業的とも一般教養的ともいえない得体の知れないカリキュラムに適応できなかった哀れな収容者にすぎなかったのである。我々は教師であれ，行政側の立場であれ，お互いが主張していることを非難するのではなく，現在，わが国の抱えている教育問題をどう改善していったらよいのか，ともに考え，生徒諸君がそれぞれにあったふさわしい職業に就くための準備としての教育を考えていかなければならないのである。現代アメリカの最大の欠点は，一般教育と職業教育との分離である。まず最初のステップとして，職業教育（vocational education）という言葉をやめ，キャリア・エデュケーション（career education）という言葉を用いることを提案したい。(Marland, 1972, p.188)

キャリア・エデュケーションは，学校から社会への円滑な移行が困難な若者，中退者，若年失業，無就業者等を減らす方策として，また，教育水準の引き上げの政策として，大きな期待がかけられていたのである。（連邦教育局キャリア教育モデルを表2-2に，そして，キャリア教育の要素を表2-3

表 2-2　連邦教育局キャリア教育モデル

小1～6	中1～2	中3～高1	高2～3		就　職
児童生徒は自己についての自覚と自己の興味，能力の理解を深める。					短大，大学進学プログラム
児童生徒は，職業や仕事の個人的，社会的，経済的意義についての考え方や態度を発展する。				100%希望する進路を実現する。	各種職業訓練機関，軍隊
職業的自覚 児童は，すべての仕事の世界がふくまれている職業群のシリーズを学ぶことによって，職業についての理解を深める。	職業的方向づけと探索 生徒は，希望する5～6の職業群を選び，その職業群について探索する。	職業的探索の深化と特殊化の開始 生徒は一つの職業群を選び，いっそう深く探索し，実際に就業可能な初歩的技能を身につける。希望によって職業群を変える。	特殊化 生徒は一つの職業群を特殊化する。進学の準備をするか，就職のための集中的技能訓練を行う。		自営，その他

(Borrow, 1973／仙﨑 他訳, 1978, p.3 より引用)

表 2-3　キャリア教育の要素

(1) 進路意識　　　　　　→　　　　　　→　進路の明確化
　　 Career Awareness　　　　　　　　　　　Career Identity
(2) 自己意識　　　　　　→　　　　　　→　自己像の明確化
　　 Self Awareness　　　　　　　　　　　　Self Identity
(3) 判断力，態度　　　　→　　　　　　→　自己充実・社会的達成
　　 Appreciations & Attitudes　　　　　　　Self Social Fulfillment
(4) 意思決定技能　　　　→　　　　　　→　進路決定
　　 Decision Making Skills　　　　　　　　Career Decisions
(5) 経済意識　　　　　　→　　　　　　→　経済理解
　　 Economic Awareness　　　　　　　　　Economic Understanding
(6) 技能意識と初歩技能　→　　　　　　→　雇用技能
　　 Skill Awareness & Beginning　　　　　 Employment Skills
　　 Competency
(7) 雇用価値技能　　　　→　　　　　　→　進路実現
　　 Employability Skills　　　　　　　　　 Career Placement
(8) 教育意識　　　　　　→　　　　　　→　教育的主体性の確立
　　 Education Awareness　　　　　　　　　Educational Identity

（中央：学校・家庭・地域社会を通じてのキャリア教育の推進）

(仙﨑, 1979, p.13 より引用)

表2-4 キャリア教育全国基準

目標	学年	要素	判断力・態度	自己意識	意思決定	教育意識
意識理解	K		家庭生活機能における各個人の重要性を理解する	家庭や学校における個人の権利と責任を理解する	意思決定の際の原因と結果に気付くようになる	家庭における役割と学校における類似の役割に気付く
	1		学校場面におけるすべての人を理解することを学ぶ	個人としての、また集団の価値あるメンバーとして自己の重要性を知る	個人の意思決定の重要性に気付く	家庭と学校における役割の異同を理解する
	2		他人と協力する重要性に気付く	個人の諸能力とその限界に気付く	諸問題を選択的に分析し言葉や文章で表現する	地域社会における生活役割と基礎的技能の発達を結び付ける
	3		児童や他人に対する地域社会の人々の貢献が分かる	個人の目標達成のために学習道具やその価値に対する態度を認識する	意思決定プロセスの構成要素を明らかにする	生活役割と学んだ技能との間の異同を理解する
	4		給料生活者の仕事やその仕事が家庭生活に与える影響に気付く	教育的技能の修得と個人の成功を関連付ける	ライフスタイルを決める場合最終目標を確立する必要性を理解する	仲間グループの中での個人の長所・短所に気付く
	5		有利・不利の観点から労働の役割を分析する	ワーカーとしての個人の権利と責任に気付く	意思決定プロセスを学校生活に関連する諸問題に当てはめる	個人の役割と環境とある成人の役割との関係を理解する
方向付け探索	6		職業とその成長、発達との関係を理解する	個人の長所・短所を考えて職業群を選択する	意思決定プロセスを家庭や社会に関連する諸問題に応用する	課題達成のための人々とその努力との関係を理解する
	7		人間の努力や仕事のあらゆる形式を理解する	興味や能力を考えて職業群を選ぶ	特別な問題に対する異なった考え方の効果を長期・短期の見通しに立って比較考察する	ライフスタイルに関連する価値観を明らかにし理解する
	8		人生における労働WORKの意味を理解し、有意義な進路選択の必要性を知る	現実の進路に要求される能力や興味について自己理解を深める	意思決定プロセスを進路の学習に応用する	現在のライフスタイルとそれを決めている条件を明確にする
	9		特別な又はそれと関連ある仕事の分野について意識と態度を関係付ける	自己の現実と理想"あるべき姿"をきわめる明確な意識を打ち立てる	カウンセリング、仕事経験、あらゆる有益な情報に基づいて進路選択を分析、検討する	必要で望ましい技能を身に付けるために暫定的な個人の計画を決める
	10		すべての進路の重要性と社会に対するその貢献度を理解する	進路選択に関する個人の価値観と他人の価値観の影響を関連付ける	深い分析に基づいて職業群を選択する	あらかじめ予測した、あるいは希望するライフスタイルに必要な特別技能を修得する
準備仕事就職経験	11		各個人の態度・価値観・教育を基礎にある一つの進路を選択する	進路選択における個人の価値観と他人の影響との相違を調整するか又は受入れる	適切なある一つの進路を選択する	必要あるいは要求される特別な技能を獲得するために個人の計画を評価・実行する
	12		選択した職業群に要求される課題を理解し必要な技能を発達させる	予測した進路選択に自信を持つ	進路決定は時間、努力、金銭の使い方において柔軟であることに気付く	選択したライフスタイルのために必要技能の継続的維持の仕方を計画する
	13		計画した目標に関連するように進路とライフスタイルを分析する	現実的な進路やライフスタイルのプランにおいて確実に成功するように自己意識を役立てる	選択した職業群をより一層深く学習するための計画を作る	自分から進んだ進路の中で応用した経験と、教育経験を統合する
	14		社会生活の中で各個人の進路とライフスタイルを統合する	ゆとりある幸せは市民として選択・決定した進路の中で機能を果す	選択した進路に対してあらゆる資源を有効に使う	将来の進路を任意に定めて取得した資格条件の中で努力する

目標 \ 学年 \ 要素		進路意識	経済意識	技能意識初歩技能	雇用価値技能
意識	K	家族や学校の人々の仕事を知る	何が役に立ち、何が必要で何がほしく何がいたくかを家庭生活の中で明らかにする	各職業の使用用具を明らかにする	仕事遂行のために分担したり協力したりする必要を理解する
意識	1	地域社会の機能と家庭や学校の仕事を結び付ける	商品とサービスの交換に気付く	学校は成功のための基礎的技能の習得が要求される一つの仕事であることに気付く	他人へのルールを守ったり指示を受入れたり責任をもつ能力を獲得する
意識	2	地域社会の維持と相互の依存のために必要な仕事の知識を得る	通貨交換システムと物々交換システムを理解する	各種のコミュニケーション道具及びライフスタイルへの影響、将来の進路選択への活用を知る	個人と集団の目標達成に役立つ相互作用のスタイルを明らかにする
意識	3	その地域の仕事とその他の一般の仕事を比較する	我が国の通貨システムを理解する	特別な道具とライフスタイルへの影響及び進路選択への活用を理解する	個人と集団の目標との間の個人的悩みの解決の仕方を理解する
理解 方向付け 探索	4	仕事のやり方の類似性に基づいて仕事を群に分ける	生産のプロセスと商品、サービスの流通について理解する	簡単なマシーンのエネルギー測定やその拡大のために道具の使い方を理解し習熟する	個人と集団目標発展のために行動するグループに参加する
理解 方向付け 探索	5	ライフスタイルに与える職業群の影響を理解する	需要と供給の法則に気付く	大量生産のプロセスに参加し理解する。いくつかの測定道具の使い方をマスターする	社会全体に対する学校環境の関係の仕方、その組みや秩序を理解する
理解 方向付け 探索	6	各職業群に必要な能力と技能を認識する	分業化、専門化が、相互依存の社会を創造することを理解する	リサーチで使われる道具やプロセスを理解する。複雑な機械は簡単な機械を組み合せて作られている	社会に対する個人の役割、個人的満足への効果、集団目標の達成やモラールを明らかにする
理解 方向付け 探索	7	態度、価値観、職業群各々の関係を理解する	経済運営の概念を深める（報酬、消費、借入、貯蓄）	自然科学、社会科学のリサーチで使われる道具や方法をマスターする。選択した職業群の中での道具の使い方を理解する	社会と個人の関係、雇用に関する影響を理解する
理解 方向付け 探索	8	興味、能力、職業群各々の関係を理解する	職業群に関連してその経済的可能性を理解する。将来希望する収入とその分野に入るためのコストを関連付ける	職業群の中にある基礎的な道具を使う	職業群に対する個人的・社会的相互作用技能を説明する
理解 方向付け 探索	9	興味、価値観、能力の理解に基づいて職業群を学習しその各コースを調べる	ビジネスの道具を理解する。消費者として使われる表、グラフ、チャートを読み解釈する	選択した職業群と必要な技能、プロセスを結び付ける	雇用の中で仕事を獲得したり維持したり進歩したりするのに必要な技能を理解する
準備 仕事経験 就職	10	興味、価値観、能力を元に一層深く職業群を探索する。計画的に仕事の経験をする	職業群と法律的、経済的観点を結び付ける（法的、経済的観点から職業群を検討する）	職業群で必要な技能と方法に個人的な能力と興味に結び付ける	一つの職業群への学習を深め個人的、社会的相互作用の技能を発展する
準備 仕事経験 就職	11	選択した進路に求められる必要な能力を明らかにする	ある特別な職業群と個人的、家庭的事情と法律的、経済的観点との関係を理解する	選んだ職業群についての基本的な技能を深める	予測した仕事に必要な雇用価値のある技能を発展する。就職のための計画を立てる
準備 仕事経験 就職	12	選択した進路とライフスタイルに基づいて能力、興味、態度を再評価する。将来必要な条件資格を決定する	ワーカーを支配したり保護したりする経済的、法律的手段を理解する。経済における各種の責任ある役割と、このことを結び付ける	選んだ職業群についての基本的技能をマスターし、特別な仕事に関する技能を深める	仕事経験を通じて少なくとも三つの仕事を探索する
準備 仕事経験 就職	13	カウンセリング、ガイダンスを通じて、あるいは職業群のコース調査によって進路知識を洗練したり方向を考え直したりする	進路決定に対する経済的責任についての知識を理解し応用する	自分が選択した進路が確立するよう受入れ可能な能力を発揮する	計画的な仕事経験を通じて雇用価値のある知識についての知識を示す
準備 仕事経験 就職	14	進路目標を再評価する。進路選択を前進させるためにライフスタイルを明確化し理解する	自分が選択した将来のライフスタイルのために進路決定の経済的側面を計画化する	資格やライセンスあるいは要求基準が生かされるように選んだ進路に十二分に習熟する	計画した進路の中で、あらゆる知識と経験を統合する

(仙﨑, 1979, pp.14-18 より引用)

に示す。また，表2-4にキャリア教育全国基準を示す。）

　そこで，連邦議会は，1977年に時限立法として，「キャリア・エデュケーション奨励法」を成立させ，キャリア・エデュケーションが「個人が人間の生き方の一部として，職業や職業について学び，人生上の役割や選択と職業的価値観とを関連づけることができるように計画化された経験の全体」と公式に定義づけられた。このキャリア・エデュケーションは各地の学校に浸透し，推進され，所期のねらいと成果をあげたものの，奨励法は発効した1979年から1983年までの5ヵ年間の措置立法であったにもかかわらず，1982年に廃止され，連邦施策としてのキャリア・エデュケーションはひとまず終息することになった。

　この事実から，アメリカにおいてキャリア発達・キャリア教育を支援する教育が衰退したわけではない。それ以降も，1989年に全国キャリア開発指針（National Career Development Guidelines）の策定や1994年の学校から職業への移行機会法（School-to-Work Opportunities Act）の成立など，学校教育段階から社会・職業への移行支援を促進する施策は，継続的かつ活発に講じられ，進められていることを忘れてはならない。

2-2　日本における歴史的展開

（1）第二次世界大戦前の職業指導

　わが国で，「職業指導」という言葉が登場したのは，1915（大正4）年，入澤宗壽が，自著『現今の教育』のなかで，アメリカのvocational guidanceを職業指導と訳して紹介したのが最初であるとされている。その後，久保良英らは，東京府下目黒に児童教養研究所を設立し，職業相談を行った。職業指導がもっと明確化した形で現れたのは，1920（大正9）年に大阪市に開設された少年職業相談所である。当時の職業相談所の仕事は，選職相談，進学相談，職業の紹介，就職後の青少年保護と健康相談，工場衛生施設の相談，その他の青少年の職業指導であった。大正期には，学校外において活発な職業指導（運動）が精力的に展開されていた。やがてその成果は，1922（大正11）年の文部省による「職業指導講習会」を契機として，職業指導が小学校教育に導入され，1925（大正14）年の「少年職業紹介ニ関スル件」通

牒を根拠に据えた実践的展開にうつされていった。

そして1927（昭和2）年，文部省は「児童生徒ノ個性尊重及ビ職業指導ニ関スル件」（文部省訓令第20号）を発し，以下の事項に特に留意するように促している。

> 一　児童生徒ノ性行，智能，趣味，特長，学習状況，身体ノ状況，家庭其ノ他ノ環境等ヲ精密ニ調査シ，教養指導上ノ重要ナル資料トナスコト。
> 一　個性ニ基キテ其ノ長所ヲ進メ，卒業後ニ於ケル職業ノ選択又ハ上級学校ノ選択等ニ関シテハ適当ナル指導ヲナスコト。
> 一　学校ハ前掲ノ教養指導等ニ関シ父兄及ビ保護者トノ連絡提携ヲ密接ニスルコト。

この訓令から，教育の画一主義から個性尊重への新指針がうかがわれる。文部省は，この訓令の徹底と中堅指導者を養成する目的で，「職業指導講習会」を毎年2,3回開催した。1931（昭和6）年から1938（昭和13）年まで「職業指導調査協議会」を設け，一般教育，小学校，中学校，女子中等学校，青年学校，師範学校における職業指導に関する答申を逐次行い，職業指導の進展に努めた。

1938（昭和13）年には「職業紹介法」の改訂，1939（昭和14）年には「労働動員計画」が閣議決定され，「小学校卒業生の職業指導に関する件（通牒）」，「国民徴用令」，1942（昭和17）年には「国民学校における職業指導に関する件（通牒）」が発せられた。このころは，個性尊重や職業選択の自由といった職業指導の基本理念は後退しており，このような状態は1945（昭和20）年の終戦まで続いた。

（2）第二次世界大戦後の職業指導

戦後，わが国における職業指導は，文部省による「学習指導要領——職業指導篇」（1947年）における次の定義によって示された（文部省，1947）。

> （職業指導とは）個人が職業を選択し，その準備をし，就職し，進歩するのを援助する過程である。

この定義は,アメリカの全国職業指導協会(NVGA,現 NCDA)が 1937 年に提示した職業指導の定義を,そのまま翻訳引用したものであった。

文部省による独自の職業指導の定義は,1951(昭和 26)年発行の職業指導手引き書『学校の行う就職指導』においてなされている。職業指導は次のように定義された(文部省,1951)。

> 職業指導とは,生徒の個人資料,進学・就職情報,啓発的経験,相談,斡旋,補導などの機能を通して,生徒が自ら将来の進路を計画し,進学・就職して,更にその後の生活によりよく適応し,進歩するように,教師が教育の一環として援助する過程である。

その後,1957(昭和 32)年 11 月 11 日の中央教育審議会の答申「科学技術教育の振興方策について」において,従来の職業指導に代わり,はじめて「進路指導」という言葉が用いられた。これを契機とし,中学校学習指導要領,高等学校学習指導要領で「進路指導」という言葉が用いられるようになった。1958(昭和 33)年 3 月 15 日の教育課程審議会の答申でも,「進路指導」として取り扱われている。

ところが,職業指導から進路指導へと公式の用語が代わったにもかかわらず,職業指導主事の名称はそのままであった。その名称ゆえに,進路指導の組織の中心であり,運営の責任者でもある進路指導主事が,校務分掌上,正当に位置づけられず,運営上の問題とされ,中学校,高等学校の担当者からは名称変更の要望が強く出されていた。この要望を受けて,1971(昭和 46)年 12 月 24 日,文部省令第 31 号「学校教育法施行規則の一部を改正する省令」では,職業指導主事の名称を「進路指導主事」に改め,その職務を「職業選択の指導その他の進路の指導に関する事項」をつかさどるなどと改訂し,1972(昭和 47)年 4 月 1 日から施行された。

(3) キャリア・エデュケーションのはじまりと発展

1975(昭和 50)年に発行された文部省編『中学校・高等学校進路指導の手引き——高等学校ホームルーム担任編』では,巻末の進路指導用語解説のなかで"キャリア・エデュケーション"を取り上げて,詳細な解説が加えられている。また,1979(昭和 54)年には,キャリア教育実践に熱心に取り

組んだ広島県立河内高校を皮切りに，宮城，栃木，岐阜，兵庫，広島各県の普通高校や，北海道，東北，北陸，中四国，九州などの中学校でも，キャリア教育的発想のもと，生き方の教育の一環としての進路指導実践が展開された。

　1996（平成8）年の中央教育審議会答申で，確かな学力，豊かな人間性，健康・体力など「生きる力」が提唱され，その育成が求められてきた。生きる力を身につけたうえで，その力を何に役立て，社会でどう生かしていくかが大切であるとされた。

　1999（平成11）年12月の中央教育審議会答申「初等中等教育と高等教育との接続の改善について」のなかでキャリア教育の導入が謳われたことをきっかけに，キャリア教育のための諸施策が打ちだされ，2003（平成15）年からはその推進に多くの予算があてられるようになり，2005（平成17）年から文部科学省による「キャリア教育推進事業」が開始された。さらに，2004（平成16）年，文部科学省により「キャリア教育の推進に関する調査研究協力者会議」の報告が公表されるとともに，全国の国公立学校276校がキャリア教育推進地域に指定されて，先導的試行が行われ，多大な成果を収めたとされている。続いて，2007（平成19）年には，同じく全国の高校の多数を占める公立普通科高校119校が3年間の指定をうけて，試行的実践が展開された。

　このほか，2006（平成18）年11月にも，文部科学省から「小学校・中学校・高等学校　キャリア教育推進の手引—児童生徒一人一人の勤労観，職業観を育てるために—」が公表されているが，そこには学校教育に求められている課題として，「生きる力」の育成が明示され，社会人・職業人として自立した社会の形成者を育てるため，学校と社会を結びつける教育，生涯にわたって学ぶ意欲，社会人・職業人としての基礎的資質，体験活動の充実，発達段階に応じた指導の継続性，家庭・地域と連携した教育，などが示されている。

　なお，最後に，わが国における進路指導の歴史の年表をまとめておく。

〔森本紀子〕

進路指導発達史略年表

(吉田，2001 および文部科学省の公式ホームページを参考に作成)

1915（大正4）年
・入澤宗壽著『現今の教育』において「職業指導」の用語紹介
1917（大正6）年
・久保良英，三田谷啓らが選職相談開始（職業指導運動の萌芽）
1920（大正9）年
・大阪市立少年職業相談所開設（初の公立職業指導専門機関）
1922（大正11）年
・東京市赤坂高等小学校において職業指導の試行的実践開始
・文部省，職業指導講習会開始

1927（昭和2）年
・文部省訓令「児童生徒の個性尊重及び職業指導に関する件」（職業指導の学校教育への導入決定——学校職業指導の出発）
1928（昭和3）年
・東京市職業指導研究会を母体として大日本職業指導協会設立
1931（昭和6）年
・文部省，「職業指導調査協議会」結成，職業指導の実施要領明示。学校職業指導の指針となる。
1946（昭和21）年
・戦後初の職業指導講習会開催（文部・厚生省主催）
1947（昭和22）年
・大日本職業指導協会は日本職業指導協会と改称。中学校用職業指導検定教科書編さん。職業指導幹部教員養成講座開設
1948（昭和23）年
・文部・労働次官通牒「新制中学校の職業指導に関する件」
1949（昭和24）年
・教育職員免許法により「職業指導科」免許制定
・労働省，「一般職業適性検査」完成
1950（昭和25）年
・学校および関係団体が，職業指導選任教員設置の要望提出
1951（昭和26）年
・学習指導要領改訂，中学校「職業科」は「職業・家庭科」となる。高等学校の職業指導はホームルームに位置づけられる。
1953（昭和28）年
・学校教育法施行規則の一部改正により，職業指導主事制度発足。
・日本職業指導学会結成
1954（昭和29）年
・中学校の「職業」，高等学校の「農・工・商・水産・商船」の各免許取得条件として，「職業指導」4単位取得を規定。
1958（昭和33）年
・中学校学習指導要領改訂により，「職業・家庭科」は「技術・家庭科」となる。「職業指導」は「進路指導」と改称され，特別教育活動に位置づけられる。
1961（昭和36）年
・文部省，「進路指導講座」開設（以後，毎年開催）

1967（昭和42）年
- 中学校における観察指導に関する調査研究会発足
- 理科教育及び産業教育審議会答申「高等学校における職業教育の多様化」
- アジア地域職業指導会議開催（東京，11カ国参加）

1968（昭和43）年
- 文部省通達「中学校における進路の指導について」

1969（昭和44）年
- 中学校学習指導要領改訂，特別活動の目標に「自己実現能力の育成」が示され，これは進路指導の目標ともされる。

1970（昭和45）年
- 高等学校学習指導要領改訂，特別活動の目標に「自己実現能力の育成」が示され，これは進路指導の目標ともされる。

1971（昭和46）年
- 文部省，中学校・高等学校の進路指導に関する全国調査実施
- ガイダンス担当者のための第1回アジア地域ワークショップ開催（東京，8カ国参加）

1972（昭和47）年
- 「職業指導主事」は「進路指導主事」と改称

1973（昭和48）年
- 文部省，「進路指導の現状と問題——中学校・高等学校における進路指導調査報告書」（46年調査の結果）刊行

1974（昭和49）年
- 第2回アジア地域職業指導セミナー開催（東京）

1976（昭和51）年
- 理科教育及び産業教育審議会・職業教育の改善に関する委員会報告書「高等学校における職業教育の改善について」。高等学校における勤労体験学習の必要性について提言。

1977（昭和52）年
- 中学校学習指導要領改訂，学級指導のうち「進路の適切な選択に関すること」の内容として，進路適性の吟味などの3項目を例示。

1978（昭和53）年
- 高等学校学習指導要領改訂，「勤労体験学習」が盛り込まれる。
- 文部省，中学校における進路指導に関する総合的実態調査実施
- 日本進路指導学会結成（日本職業指導学会の発展的改組）

1979（昭和54）年
- 都道府県教育長協議会・高等教育開発研究プロジェクトチーム，「研究結果報告書」提出。進路指導の充実に関して提言
- 文部省，高等学校の進路指導に関する総合的実態調査実施
- 日本進路指導学会，第1回研究大会開催（以後，毎年開催）

1980（昭和55）年
- 文部省，「中学校及び高等学校における進路指導に関する総合的実態調査報告書」刊行
- 日本進路指導学会，学会紀要「進路指導研究」創刊

1981（昭和56）年
- 都道府県教育協議会・第1部会，報告書「生徒指導（進路指導・生活指導）の充実について」

1982（昭和57）年
- 日本進路指導学会，第1回進路指導研究セミナー開催（以後，毎年開催）

1983（昭和58）年
- 文部省通達「学校における適正な進路指導について」
- 教育職員養成審議会答申「教育の養成及び免許制度の改善について」。教職専門科目に「生徒指導（進路指導を含む）に関する科目」新設

1984（昭和59）年
- 臨時教育審議会設置，今後の進路指導のあり方にも言及。

1985（昭和60）年
- 理科教育及び産業教育審議会・産業教育分科会答申「高等学校における今後の職業教育のあり方」

1987（昭和62）年
- 臨時教育審議会，第4次（最終）答申提出

1988（昭和63）年
- 文部省，中学校・高等学校の進路指導に関する実態調査実施
- 日本進路指導学会・雇用職業総合研究所共催，'88 東京・キャリアガイダンス国際セミナー開催（東京，12カ国参加）

1989（平成元）年
- 文部省，新学習指導要領告示

1990（平成2）年
- 文部省，進路指導研究会議発足

1991（平成3）年
- 第14期中央教育審議会答申「新しい時代に対応する教育の諸制度の改革について」
- 文部省，生徒指導要録改訂

1992（平成4）年
- 文部省，学校不適応対策調査研究協力者会議，「登校拒否（不登校）問題について」報告
- 高校教育改革推進会議，第1次・第2次報告書
- 日本進路指導学会，「認定キャリアカウンセラー制度」発足
- 文部省編『中学校・高等学校進路指導資料』第1分冊発行

1993（平成5）年
- 高校教育改革推進会議，第3次・第4次報告書
- 文部省事務次官通知「高校入学者選抜について」（偏差値利用，業者テスト禁止）
- 文部省編『中学校・高等学校進路指導資料』第2・第3分冊発行

1994（平成6）年
- 高等学校学習指導要領全面実施
- 文部省，「中学校進路指導総合改善推進事業」開始
- 高等学校「総合学科」創設（全国7校）
- 日本進路指導学会・日本労働研究機構共催，第6回キャリアガイダンス研究大会「アジアにおける経済発展とキャリアガイダンス」

1995（平成7）年
- 文部省，「平成6年度学校教育と卒業後の進路に関する調査結果」概要報告

1996（平成8）年
- 第15期中央教育審議会第1次答申

1997（平成9）年
- 教育課程審議会，中間まとめ

- 教育職員養成審議会第 1 次答申
- 文部省，教育改革プログラム発表
- 文部省通知「高等学校の入学者選抜の改善」

1998（平成 10）年
- 小学校・中学校学習指導要領告示
- 教育職員養成審議会第 2 次答申

1999（平成 11）年
- 高等学校学習指導要領告示
- 文部省，「中学校における進路指導に関する総合的実態調査報告書」
- 文部省，「高等学校入学者選抜の改善等に関する状況」概要報告
- 文部省，「高等学校教育の改革に関する推進状況」概要報告
- 中央教育審議会答申「初等中等教育と高等教育との接続の改善について」。「キャリア教育」提唱

2000（平成 12）年
- 教育改革国民会議，「教育を変える 17 の提案」

2001（平成 13）年
- 文部科学省，「21 世紀教育新生プラン」発表
- 総合規制改革会議，「規制改革推進 3 カ年計画」発表

2002（平成 14）年
- 国立教育政策研究所生徒指導研究センター，「児童生徒の職業観・勤労観を育む教育の推進について」（調査研究報告書）発表
- 文部科学省，「確かな学力向上」アピール

2003（平成 15）年
- 文部科学省，「キャリア教育の総合計画の推進」「キャリアの高度化」「フリーター再教育」「実務・教育連結型人材育成（日本版デュアルシステム）導入」等，各プラン発表
- 文部科学省，「教育の構造改革～画一と受け身から自立と創造へ～」発表
- 文部科学省，「キャリア教育推進に関する調査研究協力者会議」発足
- 内閣府，「青少年育成施策大綱」発表
- 文部科学省，厚生労働省，経済産業省，内閣府，「若者・自立挑戦プラン」発表

2004（平成 16）年
- 日本生産性本部，「子どもの健全育成と就労への移行～教育界と産業界との協力」（報告）
- 文部科学省，生徒指導資料（第 1 集）発行
- 文部科学省，「キャリア教育の推進に関する総合的調査研究協力者会議（報告書）」（最終報告）

2005（平成 17）年
- 文部科学省，「キャリア教育推進事業」開始
- 文部科学省，「生徒指導に関する施策」発表
- 文部科学省，「学校安全方策の再点検等について」（第 1 次報告）

2007（平成 19）年
- 文部科学省，「高等学校におけるキャリア教育のあり方に関する調査研究」
- 文部科学省，「専門高校等における『日本版デュアルシステム』推進事業」

2008（平成 20）年 12 月 24 日
- 中央教育審議会諮問「今後の学校におけるキャリア教育・職業教育の在り方について」

2009(平成21)年10月21日
・中央教育審議会,「キャリア教育・職業教育特別部会(第15回)の開催について」
2010(平成22)年12月24日
・中央教育審議会,「今後の学校におけるキャリア教育・職業教育の在り方について」(第2次審議経過報告)
2011(平成23)年1月31日
・中央教育審議会答申「今後の学校におけるキャリア教育・職業教育の在り方について」

【引用・参考文献】

Allen, J. E. Jr. (1970), *Competence for All as the Goal for Secondary Education*, Address given at the Convention of the National Association of Secondary School Principals. Washington, DC.

安藤堯雄 『職業指導原論』 明治図書 1954

畔上久雄 『進路指導原論』 日本文化科学社 1958

Borrow, H. ed., 1973／仙﨑 武・中西信男・野淵龍雄 共訳 『新時代のキャリアガイダンス』 実務教育出版 1978

Career Education Incentive Act, 20 usc 2602

中央教育審議会 「科学技術教育の振興方策について(答申)」 1957

中央教育審議会第1次答申 1996

中央教育審議会答申 「初等中等教育と高等教育との接続の改善について」 1999

入澤宗壽 『現今の教育』 弘道館 1916

伊藤祐時 『進路指導 理論と実践』 金子書房 1973

Larry, J. B. Foreword by David V. Tiedeman (1985), *Career Education for Teachers and Counselors: A Practical Approach*, The Carroll Press Publishers.

Marland, S. P. Jr. (1972), "Career Education Now," *The Vocational Guidance Quarterly* 3, Vol. 20, No. 3.

宮内 博 編『進路指導概論――新しい時代のキャリア・ガイダンス』 文雅堂銀行研究社 1990

文部科学省 「キャリア教育の推進に関する総合的調査研究協力者会議(報告書)」 2004

文部科学省 「小学校・中学校・高等学校 キャリア教育推進の手引き―児童生徒一人一人の勤労観,職業観を育てるために―」 2006

文部省 『学習指導要領――職業指導篇』 1947

文部省 『学校の行う就職指導』 1951

文部省 「進路指導の現状と問題:中学校・高等学校における進路指導調査報告書」 1973

文部省 編 『中学校・高等学校進路指導の手引き――高等学校ホームルーム担任編』 1975

Persons, F. (1909), *Choosing a Vocation*, Houghton Mifflin.

仙﨑 武 『欧米におけるキャリアエデュケーション』 文教大学出版部 1979

仙﨑 武・藤田晃之・三村隆男・鹿嶋研之助・池場 望・下村英雄 編著 『キャリア教育の系譜と展開』(社)雇用問題研究会 2008

仙﨑 武・野々村 新・渡辺三枝子編 著 『進路指導論』 福村出版 1992

仙﨑 武・野々村 新・渡辺三枝子・菊池武剋 編 『入門 進路指導・相談』 福村出版 2000

仙﨑 武・野々村 新・渡辺三枝子・菊池武剋 編著 『生徒指導・教育相談・進路指導』 田研出版 2006

Super, D. E.／日本職業指導協会 訳 『職業生活の心理学──職業経歴と職業的発達』 誠信書房 1957

Super, D. E., Bohn, J. Jr., 1970／藤本喜八・大沢武志 訳 『職業の心理』 ダイヤモンド社 1973

吉田辰雄 編 『21世紀の進路指導事典』 ブレーン出版 2001

第3章

進路指導の組織と体制

はじめに

　学校おける進路指導を効果的に展開するためには，進路指導の方法や授業実践のみを追求するだけでは十分とはいえない。児童・生徒の発達段階を考慮して，学校の教育活動全体で組織的・計画的に進路指導を展開することが不可欠である。その前提として，進路指導の法的根拠，学習指導要領での位置づけ，現在の学校教育の中身や学校を取り巻く環境など十分に把握することが大切であり，そこから公教育として学校教育で進路指導を展開する場合の組織と体制がみえてくる。

　しかしながら，日本の進路指導は「職業教育から進路指導へ」「進路指導からキャリア教育へ」といわれるように大きな変革の段階にあり，教育の現場では，進路指導やキャリア教育の進め方が十分に浸透していない面もある。

　進路指導の定義・概念はキャリア教育との間に大きな差異はみられず，「進路指導の取組みは，キャリア教育の中核をなす」ということができ，文部科学省（2011）中央教育審議会答申「今後の学校におけるキャリア教育・職業教育の在り方について」では，キャリア教育を「一人一人の社会的・職業的自立に向け，必要な基盤となる能力や態度を育てることを通して，キャリア発達を促す教育」と定義している（6-3節も参照）。

3-1　教育基本法・学校教育法と進路指導

　学校における教育の目的などについて規定されている法律が改正され，教育基本法，学校教育法の進路指導にかかわる部分が次のように改正された。（なお，キャリア教育の観点からみた改正点については 6-2 節を参照。）

(1) 教育基本法改正（2006 年 12 月）

> 第 1 章　教育の目的及び理念
> 第 1 条（教育の目的）　教育は，人格の完成を目指し，平和で民主的な国家及び社会の形成者として必要な資質を備えた心身ともに健全な国民の育成を期して行わなければならない。
> 第 2 条（教育の目標）の二　個人の価値を尊重して，その能力を伸ばし，創造性を培い，自主及び自律の精神を養うとともに，職業及び生活との関連を重視し，勤労を重んずる態度を養うこと。
> 第 3 条　国民一人一人が，自己の人格を磨き，豊かな人生を送ることができるよう，その生涯にわたって，あらゆる機会に，あらゆる場所において学習することができ，その成果を適切に生かすことができる社会の実現が図られなければならない。
> 第 2 章　教育の実施に関する基本
> 第 6 条（学校教育）の 2　学校においては，教育の目標が達成されるよう，教育を受ける者の心身の発達に応じて，<u>体系的な教育が組織的に行われなければならない</u>。この場合において，教育を受ける者が，学校生活を営む上で必要な規律を重んずるとともに，自ら進んで学習に取り組む意欲を高めることを重視して行われなければならない。　　　　　　　　（下線は筆者）

(2) 学校教育法改正（2007 年 6 月）

> 第 2 章（義務教育）
> 第 21 条の一　学校内外における社会的活動を促進し，自主，自律及び協同の精神，規範意識，公正な判断力並びに公共の精神に基づき主体的に社会の形成に参画し，その発展に寄与する態度を養うこと。
> 第 21 条の十　職業についての基礎的な知識と技能，勤労を重んずる態度及び個性に応じて将来の進路を選択する能力を養うこと。

改正された教育基本法・学校教育法の条文のなかには，進路指導といった文言は直接的には使用されていないが，条文の内容面をみると進路指導にかかわる内容が多く追加されており，進路指導の充実に重点がおかれていると考えられる。そのなかで，教育基本法の「第2章　教育の実施に関する基本」の第6条（学校教育）の2「学校においては，教育の目標が達成されるよう，教育を受ける者の心身の発達に応じて，<u>体系的な教育が組織的に行われなければならない</u>」（下線は筆者）は，学校教育のあり方にまで踏み込んだものとなっている（第6章の表6-4も参照）。

3-2　学習指導要領と進路指導

　教育基本法，学校教育法の改正を受け，2008（平成20）年に小学校学習指導要領および中学校学習指導要領が改訂され，2009（平成21）年に高等学校学習指導要領が改訂された。

（1）進路指導にかかわる小学校学習指導要領の総則
　小学校学習指導要領の総則においては，第1　教育課程編成の一般方針の2のなかの
　　「児童が自己の生き方についての考えを深めること」
という部分，第4　指導計画の作成等に当たって配慮すべき事項の2の(5)のなかの
　　「自らの将来について考えたりする機会を設けるなどの工夫をすること」
という部分の文言が加わり，小学校段階から進路指導にかかわる視点が重視されるようになっている。

（2）進路指導にかかわる中学校学習指導要領の総則
　中学校学習指導要領の総則においては，第1　教育課程編成の一般方針の2の
　　「生徒が道徳的価値に基づいた人間としての生き方についての自覚を深め，家庭や地域社会との連携を図りながら，職場体験活動やボランティア活動，自然体験活動などの豊かな体験を通じて生徒の内面に根ざ

した道徳性の育成が図られるよう配慮しなければならない。その際，特に生徒が自他の生命を尊重し，規律ある生活ができ，自分の将来を考え，法やきまりの意義の理解を深め，主体的に社会の形成に参画し，国際社会に生きる日本人として自覚を身に付けるようにすること」，
第4 指導計画の作成等に当たって配慮すべき事項の2の
「(4) 生徒自らの生き方を考え，主体的に進路を選択することができるよう，<u>学校の教育活動全体</u>を通じ，計画的，組織的に進路指導を行うこと」
「(5) 生徒が学校や学級での生活によりよく適応するとともに，現在及び将来の生き方を考え行動する態度や能力を育成することができるよう，<u>学校の教育活動全体</u>を通じ，ガイダンス機能の充実を図ること」
と改訂され，学校の教育活動全体を通じて進路指導を展開することの重要性が強調された。(引用文内の下線は筆者による。)

(3) 進路指導にかかわる高等学校学習指導要領の総則
高等学校学習指導要領の総則においては，第1款 教育課程編成の一般方針の進路指導にかかわる部分では，2の道徳教育の
「人間としての在り方生き方に関する教育を<u>学校の教育活動全体</u>を通じて行うこと」
「自律の精神及び社会連帯の精神並びに義務を果たし責任を重んずる態度及び人権を尊重し差別のないよりよい社会を実現しようとする態度を養うための指導が適切に行われるよう配慮しなければならない」，
3の体育健康に関する指導の
「生涯を通じて健康・安全で活力ある生活を送るための基礎が培われるよう配慮しなければならない」，
4の就業やボランティアにかかわる体験的な学習の指導の
「学校においては，地域や学校の実態に応じて，就業やボランティアにかかわる体験的な学習の指導を適切に行うようにし，勤労の尊さや創造することの喜びを体得させ，望ましい勤労観，職業観の育成や社会奉仕の精神の涵養に資するものとする」
と記されている。(引用文内の下線は筆者による。)

また，第2款 各教科・科目及び単位数の5 学校設定教科では

「(1) 学校においては，地域，学校及び生徒の実態，学科の特色等に応じ，特色ある教育課程の編成に資するよう，上記2及び3の表に掲げる教科以外の教科（以下「学校設定教科」という。）及び当該教科に関する科目を設けることができる。この場合において，学校設定教科及び当該教科に関する科目の名称，目標，内容，単位数等については，高等学校教育の目標及びその水準の維持等に十分配慮し，各学校の定めるところによるものとする。」

「(2) 学校においては，学校設定教科に関する科目として「産業社会と人間」を設けることができる。この科目の目標，内容，単位数等を各学校において定めるに当たっては，産業社会における自己の在り方生き方について考えさせ，社会に積極的に寄与し，生涯にわたって学習に取り組む意欲や態度を養うとともに，生徒の主体的な各教科・科目の選択に資するよう，就業体験等の体験的な学習や調査・研究などを通して，次のような事項について指導することに配慮するものとする。ア 社会生活や職業生活に必要な基本的な能力や態度及び望ましい勤労観，職業観の育成，イ 我が国の産業の発展とそれがもたらした社会の変化についての考察，ウ 自己の将来の生き方や進路についての考察及び各教科・科目の履修計画の作成」

と記されている。

さらに，第6款 教育課程の編成・実施に当たって配慮すべき事項の4の職業教育に関して配慮すべき事項では，

「(1) 普通科においては，地域や学校の実態，生徒の特性，進路等を考慮し，必要に応じて，適切な職業に関する各教科・科目の履修の機会の確保について配慮するものとする。」

「(3) 学校においては，キャリア教育を推進するために，地域や学校の実態，生徒の特性，進路等を考慮し，地域や産業界等との連携を図り，産業現場等における長期間の実習を取り入れるなどの就業体験の機会を積極的に設けるとともに，地域や産業界等の人々の協力を積極的に得るよう配慮するものとする。」

と記され，5の教育課程の実施等に当たって配慮すべき事項では，

「(2) <u>学校の教育活動全体</u>を通じて，個々の生徒の特性等の的確な把握に努め，その伸長を図ること。また，生徒が適切な各教科・科目や類型を選択し学校やホームルームでの生活によりよく適応するとともに，現在及び将来の生き方を考え行動する態度や能力を育成することができるよう，ガイダンスの機能の充実を図ること。」

「(4) 生徒が自己の在り方生き方を考え，主体的に進路を選択することができるよう，<u>学校の教育活動全体を通じ，計画的，組織的な進路指導を行い，キャリア教育を推進すること。</u>」

と記されている。(引用文内の下線は筆者による。)

このように進路指導は，小学校・中学校・高等学校教育の学習指導要領全体のなかに位置づけられており，学校の教育活動全体を通じ，計画的，組織的に行われるべきものされている。

また，教育活動全体を通じて進路指導を行うということは，すべての児童・生徒を対象として，すべての教員で指導を行うということを意味している。進路指導主任（進路指導主事）や進路指導部の教員といった一部の教員が特定の授業や機会をとらえて行われるべきものではない。全教員が，教育活動全体を通じて組織的・計画的に進路指導を行うことによって，児童・生徒の健全な成長が期待できるものである。

3-3　進路指導組織体制の現状

進路指導は，進路指導部が中心となって学校の教育活動全体を通じて計画的・組織的に行うものである。しかし，山田・下村（2007）によると，中学校の校長・副校長・主幹教諭・一般教諭を対象に「貴校では，どのような体制で『キャリア教育（進路指導）』を行っていますか」という質問に答えてもらったところ，「どちらかと言えば進路指導部が中心となって行っている」が8.6％，「どちらかと言えば学年が中心となって行っている」が62.1％と最も多く，「進路指導部と学年がうまく連携して行っている」が26.7％，「全校を挙げて行っている」が2.6％と最も少なく，学年が中心となって，進路指導が行われていると認識している教員が多いことを示してい

図3-1　キャリア教育（進路指導）体制の職階による認識の違い

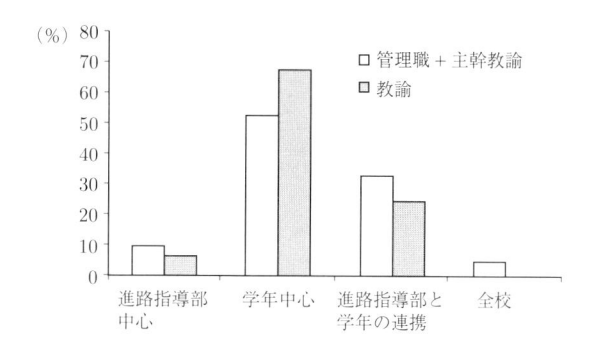

(%) 凡例：管理職＋主幹教諭／教諭
横軸：進路指導部中心、学年中心、進路指導部と学年の連携、全校

た。また、これを職階に分類してみたところ、図3-1のようになり、管理職＋主幹教諭と一般教諭の進路指導体制に対する認識には若干の違いがみられ、管理職＋主幹教諭のほうが、全校、進路指導部と学年の連携中心、進路指導部中心と認識している教員が若干多かった。

また、中学校で「キャリア教育（進路指導）」を行う際の組織体制について、問題点を尋ねたところ「学年中心なので、毎年やる事が少しずつ違ってくる」「進路指導主任が毎年代わるので、一貫しない」「各学年の実態が、進路指導部で把握しにくい」などの代表的な意見があった。

これらの結果から、中学校の教育現場では、学校の教育活動全体で進路指導を行っていると認識している教員は、管理職＋主幹教諭の間で若干は認識があるものの多くは学年が中心となって行われており、進路指導部が中心となって学校の教育活動全体を通じて行われていない現状があると考えられる。

このような状況は、高等学校においても同様であり、高等学校の進路指導に関する意識調査（ベネッセコーポレーション、2004）によれば、高等学校の教員が困っている点として、組織運営に関しては「学校全体の進路指導に対してコンセンサスがあまりないこと。個々の教員の教科指導、クラス運営等にバラツキがあり全体として大きな力になっていない」「学校として、どこを目指すか、それに対するstrategyはどうするのか等、具体的なところで集中した力にならない」、ノウハウ共有・組織体制に関しては「進路指導内の仕事、ノウハウの継承等が個人の負担と力量にかかっている点が困って

いる」「進路指導ノウハウの先生によるバラツキが大きい」となっている。

　学校では，このような現状の変革を図り，全教員が，教育活動全体を通じて組織的・計画的に進路指導を行う必要がある。

3-4　キャリア教育と授業時間との関係

　文部科学省（2004）の報告書「児童生徒一人一人の勤労観，職業観を育てるために」では，キャリア教育を「児童生徒一人一人のキャリア発達を支援し，それぞれにふさわしいキャリアを形成していくために必要な意欲・態度を育てる教育」と定義し（第6章の6-1節(2)も参照），「人間関係形成能力（自他の理解能力，コミュニケーション能力）」「情報活用能力（情報収集・探索能力，職業理解能力）」「将来設計能力（役割把握・認識能力，計画実行能力）」「意思決定能力（選択能力，課題解決能力）」という4つの能力領域と8つの能力を示した。この報告書をきっかけに，教育現場を中心にさまざまなキャリア教育の実践が行われるようになり，現在でも日々，キャリア教育の改善が進められている。その後，文部科学省（2011）中央教育審議会答申「今後の学校におけるキャリア教育・職業教育の在り方について」では，教育界から産業界へと生涯にわたる円滑なキャリア発達をめざしたキャリア教育の必要性が示された（第6章の6-2節(6)を参照）。そのうえで，教育界と産業界におけるキャリアに関する文言の齟齬を整理し，幼稚園から大学段階におけるキャリア教育において育むべき能力を基礎的・汎用的能力，専門的能力として示した。

　基礎的・汎用的能力の具体的内容は，「仕事に就くこと」に焦点をあて，実際の行動として表れるという観点から整理された「人間関係形成・社会形成能力」「自己理解・自己管理能力」「課題対応能力」「キャリアプランニング能力」の4つの能力である（表3-1）。「人間関係形成・社会形成能力」とは，社会とのかかわりのなかで生活し，仕事をしていくうえで基礎となる能力である。「自己理解・自己管理能力」とは，子どもや若者の自信や自己肯定観の低さが指摘されるなか，「やればできる」と考えて行動できる力である。「課題対応能力」とは，自らが行うべきことに意欲的に取り組むうえで必要な能力である。「キャリアプランニング能力」とは，社会人・職業人

表3-1　基礎的・汎用的能力の具体的内容

4つの能力	それぞれの能力の内容	具体的な要素の例
人間関係形成・社会形成能力	多様な他者の考えや立場を理解し，相手の意見を聴いて自分の考えを正確に伝えることができるとともに，自分の置かれている状況を受け止め，役割を果たしつつ，他者と協力・協働して社会に参画し，今後の社会を積極的に形成することができる力	・他者の個性を理解する力 ・他者に働きかける力 ・コミュニケーション・スキル ・チームワーク ・リーダーシップ　等
自己理解・自己管理能力	自分が「できること」「意義を感じること」「したいこと」について，社会との相互関係を保ちつつ，今後の自分自身の可能性を含めた肯定的な理解に基づき主体的に行動すると同時に，自らの思考や感情を律し，かつ，今後の成長のために進んで学ぼうとする力	・自己の役割の理解 ・前向きに考える力 ・自己の動機付け ・忍耐力 ・ストレスマネジメント ・主体的行動　等
課題対応能力	仕事をする上での様々な課題を発見・分析し，適切な計画を立ててその課題を処理し，解決することができる力	・情報の理解・選択・処理等 ・本質の理解 ・原因の追究 ・課題発見 ・計画立案 ・実行力 ・評価・改善　等
キャリアプランニング能力	「働くこと」の意義を理解し，自らが果たすべき様々な立場や役割との関連を踏まえて「働くこと」を位置付け，多様な生き方に関する様々な情報を適切に取捨選択・活用しながら，自ら主体的に判断してキャリアを形成していく力	・学ぶこと・働くことの意義や役割の理解 ・多様性の理解 ・将来設計 ・選択 ・行動と改善　等

※これらの能力は，包括的な能力概念であり，必要な要素をできる限りわかりやすく提示するという観点でまとめたものである。この4つの能力は，それぞれが独立したものではなく，相互に関連・依存した関係にある。このため，特に順序があるものではなく，また，これらの能力をすべての者が同じ程度あるいは均一に身につけることを求めるものではない。（中央教育審議会答申「今後の学校におけるキャリア教育・職業教育の在り方について」（平成23年1月31日）より作成。藤川喜久男氏による。）

図3-2　キャリア教育のめざす4つの能力と中学校における授業との関係（山田, 2006, p.25より一部変更して引用）

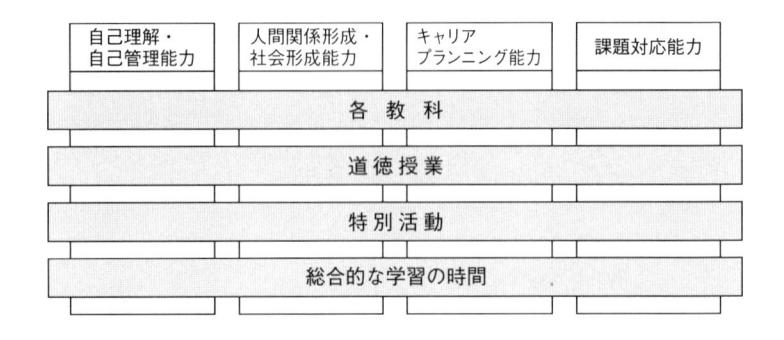

自己理解・自己管理能力	人間関係形成・社会形成能力	キャリアプランニング能力	課題対応能力
各　教　科			
道徳授業			
特別活動			
総合的な学習の時間			

として生活していくために生涯にわたって必要となる能力である。

　学校では，これらの4つの能力を伸張させるために，幼稚園・小学校・中学校・高等学校・大学といった発達段階に応じたキャリア教育に学校の教育活動全体を通じて取り組んでいく必要がある。図3-2は，キャリア教育がめざす4能力と中学校における授業との関係を示したものである。このなかで，横軸で示されているものが教育・指導を行う時間的な保障があるものであり，縦軸で示されているものがキャリア教育のめざす4能力である。

　このように，各教科・道徳授業・特別活動・総合的な学習の時間など時間軸で示されるあらゆる教育場面を活用して，児童・生徒の4つの能力の育成を図ることが重要である。

3-5　教員全体の共通理解

　教育活動全体を通じて計画的・組織的に進路指導を行うということは，すべての教員で進路指導を行うということを意味している。そのためには，進路指導・キャリア教育の意義や必要性などに関する全教員の共通理解を図る必要がある。また，近年の団塊の世代の大量退職による新規採用教員の増加などにより，進路指導・キャリア教育に関する研究や研修を充実させることもきわめて重要な課題となっている。

　前述のように，進路指導・キャリア教育は，「児童生徒一人一人のキャリ

ア発達を支援し，それぞれにふさわしいキャリアを形成していくために必要な意欲・態度を育てる教育」（文部科学省，2004）である。すなわち，進路指導・キャリア教育とは，各教科，道徳，特別活動，総合的な学習の時間を通じて，児童・生徒が自分自身に対する理解を深め，自主的，主体的に自分の生き方を思考・判断し，人生を創造していく力を育成する教育のプロセスである。

たとえば，2008（平成20）年に告示された中学校学習指導要領では，第3章 道徳，第2 内容の1 主として自分自身に関すること，において

「(5) 自己を見つめ，自己の向上を図るとともに，個性を伸ばして充実した生き方を追求する」，

4 主として集団や社会とのかかわりに関すること，において

「(5) 勤労の尊さや意義を理解し，奉仕の精神をもって，公共の福祉と社会の発展に努める」

とされている。また，第3 指導計画の作成と内容の取扱いの3 道徳の時間における指導に当たっては，次の事項に配慮するものとする，において

「(2) 職場体験活動やボランティア活動，自然体験活動などの体験活動などを生かすなど，生徒の発達の段階や特性等を考慮した創意工夫のある指導を行うこと」

とされ，道徳における進路指導・キャリア教育のあり方が示されている。

また，第4章 総合的な学習の時間，第3 指導計画の作成と内容の取扱いの1 指導計画の作成に当たっては，次の事項に配慮するものとする，において

「(5) 学習活動については，学校の実態に応じて，例えば国際理解，情報，環境，福祉・健康などの横断的・総合的な課題についての学習活動，生徒の興味・関心に基づく課題についての学習活動，地域や学校の特色に応じた課題についての学習活動，職業や自己の将来に関する学習活動などを行うこと」

とされ，2 第2の内容の取扱いについては，次の事項に配慮するものとする，において

「(3) 自然体験や職場体験活動，ボランティア活動などの社会体験，ものづくり，生産活動などの体験活動，観察・実験，見学や調査，発表

や討論などの学習活動を積極的に取り入れること」

「(7) 職業や自己の将来に関する学習を行う際には，問題の解決や探求活動に取り組むことを通じて，自己を理解し，将来の生き方を考えるなどの学習活動が行われるようにすること」

とされ，総合的な学習の時間における進路指導・キャリア教育のあり方が示されている。

さらに，第5章 特別活動の第2 各活動・学校行事の目標及び内容の学級活動，における 2 内容の(3) 学業と進路，において「ア 学ぶことと働くことの意義の理解」「イ 自主的な学習態度の形成と学校図書館の利用」「ウ 進路適正の吟味と進路情報の活用」「エ 望ましい勤労観・職業観の形成」「オ 主体的な進路の選択と将来設計」とされている（第6章の表6-6も参照せよ）。また，学校行事における 2 内容の(5) 勤労生産・奉仕的行事，において

「勤労の尊さや創造することの喜びを体得し，職場体験などの職業や進路にかかわる啓発的な体験が得られるようにするとともに，共に助け合って生きることの喜びを体得し，ボランティア活動などの社会奉仕の精神を養う体験が得られるような活動を行うこと」

とされ，特別活動における進路指導・キャリア教育のあり方が示されている。

一方，教科における進路指導・キャリア教育については，学習指導要領には具体的な内容については示されていないが，文部科学省（2004）は，日頃の教科指導において子どもたちが学んだ知識を実感しながら理解できるようにすることをはじめ，学ぶことの意義について身をもって体得したり，社会生活や将来の職業生活における必要性や有用性等を認識したりすることが十分できないといった状況が拡大する傾向にあることを指摘し，キャリア発達の視点にたった教科指導の充実の重要性を示している。

このように，学習指導要領などにおいて示された進路指導・キャリア教育において取り組むべき事項を踏まえて，教員全体が具体的な進路指導・キャリア教育の取り組みについて理解をすることが必要である。そのためには，校内における研修体制のみならず，日常の教育活動の実践のなかで進路指導・キャリア教育についての理解を教員が相互に学べる OJT[1] 体制を確立し，校長，副校長（教頭），教務主任，生活指導主任（生徒指導主事），進路

指導主任（進路指導主事），学級担任（ホームルーム担任），養護教諭，教科担任の教員は相互に自らの役割と責任をはたすようにすることがきわめて重要である。

3-6　各教員の進路指導に関連する役割

　各教員の進路指導に関連する職務を整理すると，次のような役割があげられる（各教員の進路指導の実際については5-4節(3)を参照）。
(1)　校長・副校長（教頭）の役割
　①進路指導部を校務分掌組織に位置づける（図3-4参照）。
　②教育課程における教育目標，教育目標を達成するための基本方針，指導の重点項目のなかに進路指導を位置づけ管理運営をする。
　③進路指導主任（進路指導主事）を中心に，教務主任，生活指導主任（生徒指導主事），保健主任（保健主事），学年主任，学級担任などが一丸となった進路指導を促進する。
　④進路指導に関連する全体計画，年間指導計画，学年・学級経営方針，教育実践などへの指導・助言をする。
　⑤進路指導に関連する研修（校内研修・校外研修・自己研修・OJT）を推進する体制を整備する。
　⑥学校評価を実施し，進路指導に関連する事項について工夫・改善に努める。
(2)　教務主任の役割
　①教育課程の編成にあたっては，校長・副校長の監督のもと教育目標を達成するための基本方針，指導の重点項目のなかに進路指導を位置づけ，その実施状況を把握・整理し，校長・副校長の管理運営を補佐する。
　②進路指導に関連する全体計画，年間指導計画，学年・学級における教育を実現するために学校全体の連絡・調整を図る。
　③進路指導主任（進路指導主事）との連絡・調整に努め，学校全体が一丸となった進路指導を促進する。
　④進路指導に関連する研修（校内研修・OJT）を推進する。
　⑤校長・副校長の監督のもと学校評価を実施し，進路指導に関連する事項

について工夫・改善に努める。
(3) 生活指導主任（生徒指導主事）の役割
　①人間関係形成能力の基盤である人権尊重の精神を育成するための体制を整備する。
　②スクールカウンセラーとの連携を図り，進路相談とも関連する教育相談体制の充実を図る。
　③落ち着いた教育環境のなかで，児童・生徒が自らの進路をみつめられるように規範教育の充実を図る。
(4) 進路指導主任（進路指導主事）の役割
　①学校組織における進路指導推進の中核として，校長・副校長（教頭）の補佐をする。
　②進路指導に関連する全体計画，年間指導計画の立案・修正をし，全職員の共通理解による進路指導の推進を図るための連絡・調整にあたる。
　③進路指導に関する専門的な知識や技術の習得と修養に努め，学級担任をはじめとする他の教員への指導・助言を行う。
　④進路指導に関連する資料の収集・整理・活用を推進する。
　⑤進路相談室などの進路関連の施設・設備の管理・運営にあたり，必要に応じて進路相談を担当する。
　⑥関連諸機関（職業安定所，上級学校，事業所など）との連絡・調整にあたる。
(5) 学級担任（ホームルーム担任）の役割
　①学校の教育目標，進路指導の目標，学年目標を踏まえ，学級経営方針のなかに進路指導に関連する事項を掲げる。
　②学級経営方針の進路指導に関連する事項の具現化に向けて，道徳授業，総合的な学習の時間，学級活動において進路学習がバランスよく具現化できるようにする。
　③生徒理解に努め，生徒が自己理解を図れるよう指導・助言を行う。
　④進路指導主任（進路指導主事）や学年主任，教科担任，養護教諭などとの連絡を密にし，進路指導に関連する情報収集と情報提供に努める。
　⑤保護者との連携を図り，児童・生徒理解に努め，個々に応じて適切な進路指導を行う。

(6) 教科担任の役割

進路指導・キャリア教育は学校の教育活動全体を通じて行うものであり、文部科学省はキャリア発達の視点にたった教科指導の充実の重要性を指摘している（文部科学省，2004）。このことから、各教科の授業おいても教科担当の専門性を生かし、進路指導・キャリア教育に取り組む必要がある。

① 学習指導要領に示された各教科の目標や内容に基づく、基礎・基本を踏まえた知識・技能、態度、価値観の育成を図ることを通じて、児童・生徒に自己理解を深めさせ、進路選択に役立てられるよう指導する。

② 教科の専門性を生かし、進路指導・キャリア教育にアプローチする教育方法の開発と実践に努める（コラム参照）。

〈コラム〉 職業調べ

図3-3の生徒作品は、中学校でよく行われている「職業調べ」に美術科からアプローチしたものである。働く人を描くという行為によって、生徒はじっくりとモデルとなった職業人を観察し、絵画として仕上げていく。このような行為は、職業や労働に対する理解を深め、将来の職業生活に対する自覚を促す効果があるワーク・シャドーイング*（Herr & Watts, 1988；Herr, Cramer, & Niles, 2004）と同様の効果が得られると考えられる。このように、すべての教科がその特性を生かし進路指導・キャリア教育に取り組む必要がある。

図3-3　中学1年生が描いた職業人写生画「母は歯科助手」

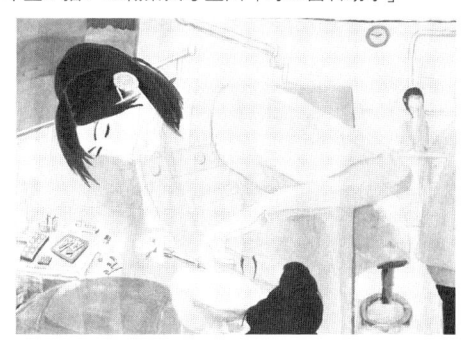

---

* ワーク・シャドーイング（Work shadowing）とは、米国で定着しているキャリア教育のひとつで、中学生や高校生が社会人に「影」のように密着し、職業のスキルや知識を身につける方法である。その目的はキャリア探索にあり、職場で実務体験を積む「インターンシップ」とは性格を異にするものである。

(7) 図書館司書教諭・養護教諭の役割
　①進路情報の提供や閲覧サービスなど，学校図書館を整備し，児童・生徒がいつでも進路情報にふれられるように配慮する。
　②保健管理・保健相談の面から進路指導にアプローチできる体制を整え，生徒理解と進路相談に努める。

3-7　校内組織体制の確立

　進路指導を学校における教育活動全体を通じて行うためには，教職員の共通理解と協力体制が必要であり，その実現のためにはしっかりとした校内組織体制を確立させることが不可欠である。

　図3-4は，進路指導に関する組織体制の整ったある中学校の校務分掌組織図である。この図に示された＊の部分をみてわかるように，進路指導に関連する職務は，進路指導部を中心として学校教育全体にわたっている。

　しかしながら，校内組織はそれぞれの校種，学校規模，地域，生徒の状況，教員の構成（人数，年齢，性別，専門教科，専門研究分野など）などの状況に応じて変化するものである。各学校には，組織体制の基本をとらえながら，状況に応じて学校の実態に即した校内組織体制をつくることが重要であることはいうまでもない。

　図3-4の学校の校内分掌組織図の特徴としては，一般的な中学校の進路指導部内の係である「進路指導・キャリア教育計画」「職場体験計画・実施」「進学指導」「就職指導」「進路相談」に加えて，図3-2の横軸で示された時間軸に対応した「学級活動計画・実施」「道徳教育計画・実施」「総合的な学習の時間計画・実施」といった係が設けられている点である。このような係を設置することによって，一人ひとりの教員の責任の所在が明確になり，関連した取組みに関する係相互の意思疎通が容易にできるようになっている。

　このように進路指導部内での多様な役割を工夫し，その機能を明確にしておくことは不可欠である。また一方で，進路指導部は，他の分掌や特別委員会との密接な連携・協力のもとに多角的に進路指導を展開することはきわめて重要なことである。そのうえで，個々の教員の専門性と個性が生かされ，生徒に適切な指導ができる組織にしていくことが求められる。

そのためには，進路指導部が学校全体の進路指導を牽引し，学校の教育活動全体を通じて行う進路指導の充実を図ることが大切である。

3-8　全体計画・題材関連図・年間指導計画

　進路指導を学校の教育活動全体を通じて計画的・組織的に行うためには，進路指導に関連する全体計画を作成し，自校が取り組む進路指導の方向性を明確に示す必要がある。中学校の全体計画の例である図3-5をみると，法規や学習指導要領をもとに作成された教育目標の具現化を図るためのキャリア教育の目標が設定され，特別活動，道徳，総合的な学習の時間，教科との関係が示されている。また，生徒，保護者，教員の願いとの関係も示されていることから，当該校の進路指導に関するチェック機能としての学校評価との関連も表されている。このような全体計画は，学校の教育活動全体を通じて，進路指導を計画的・組織的に行うために不可欠である。

　また，中学校であれば3カ年を見通した進路指導を計画的に行うために，図3-6のようなキャリア教育の概要を示した題材関連図を作成し，生徒の発達段階に応じた取組みを学校全体で検討する必要がある（3年間を見通した計画例は第5章の表5-1を参照）。そのうえで，図3-7のような具体的な取組みを示したキャリア教育年間指導計画を作成し，計画的・組織的に進路指導を推進することが大切である。

　このようなキャリア教育・進路指導の全体計画と学年ごとの年間進路指導計画，学級ごとの個別計画などが立案され，それらが全体的に調和をもって実践されたときにはじめて，学習指導要領総則で示される学校の教育活動全体を通じて行う進路指導が実現されたといえるのである。

まとめ

　Vondracek, Lerner, & Schulenberg（1986）は，人のキャリアに関する行動は時間的経過のなかでの発達とともに社会的・文化的文脈からの影響を受けながら変化していくものと定義し，Brown（2007）は，キャリア教育をこのような変化を目的とした介入であると定義している。すなわち，児童・生徒の発達段階に応じてキャリア教育を展開する必要があるのである。

図3-4　中学校の校務分掌組織図（例）

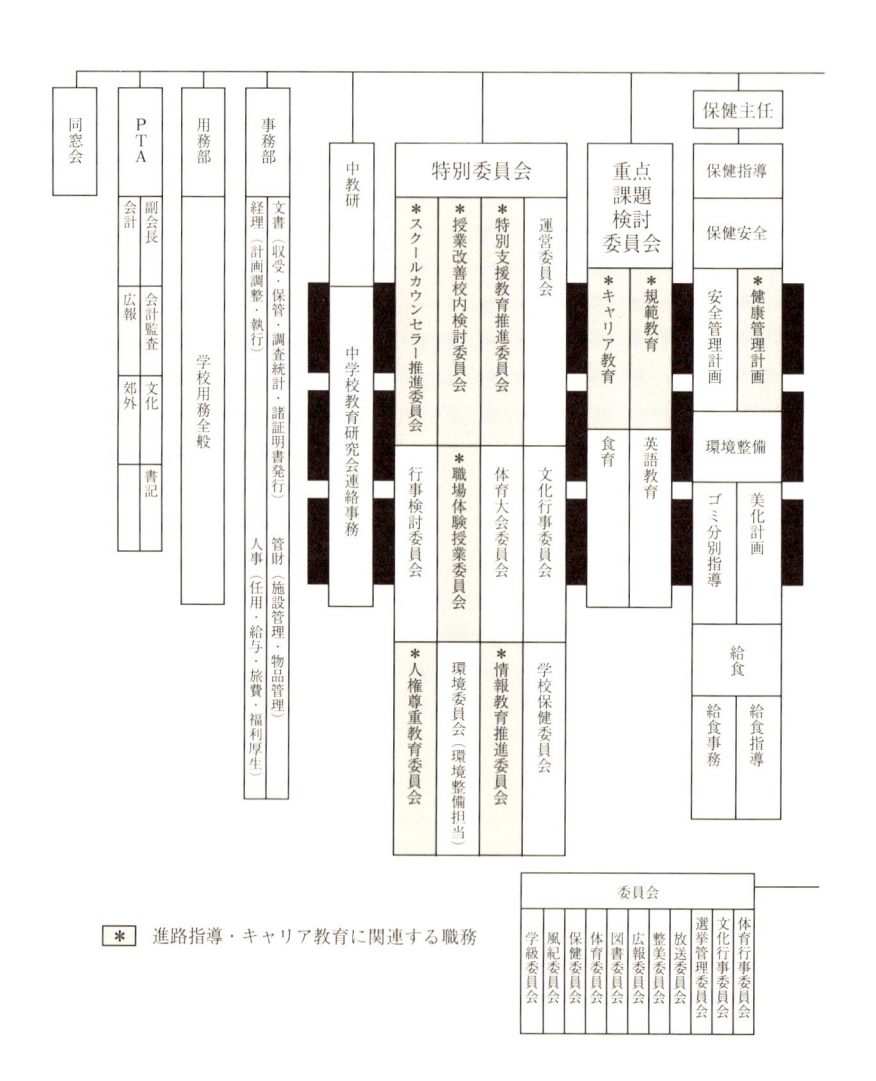

保健主任				重点課題検討委員会		特別委員会		中教研	事務部				用務部	PTA				同窓会

保健指導
- 保健安全
- 環境整備
- 給食

健康管理計画
- 安全管理計画
- 美化計画
- ゴミ分別指導
- 給食指導
- 給食事務

重点課題検討委員会
- ＊規範教育
- ＊キャリア教育
- 食育
- 英語教育

運営委員会
- ＊授業改善校内検討委員会
- ＊スクールカウンセラー推進委員会
- ＊特別支援教育推進委員会
- ＊職場体験授業委員会
- 体育大会委員会
- 行事検討委員会
- ＊情報教育推進委員会
- 環境委員会（環境整備担当）
- ＊人権尊重教育委員会
- 文化行事委員会
- 学校保健委員会

中学校教育研究会連絡事務

事務部
- 文書（収受・保管・調査統計・諸証明書発行）
- 経理（計画調整・執行）
- 管財（施設管理・物品管理）
- 人事（任用・給与・旅費・福利厚生）

用務部：学校用務全般

PTA
- 副会長
- 会計
- 会計監査
- 広報
- 文化
- 郊外
- 書記

同窓会

＊　進路指導・キャリア教育に関連する職務

委員会
- 学級委員会
- 風紀委員会
- 保健委員会
- 図書委員会
- 広報委員会
- 整美委員会
- 放送委員会
- 選挙管理委員会
- 文化行事委員会
- 体育行事委員会

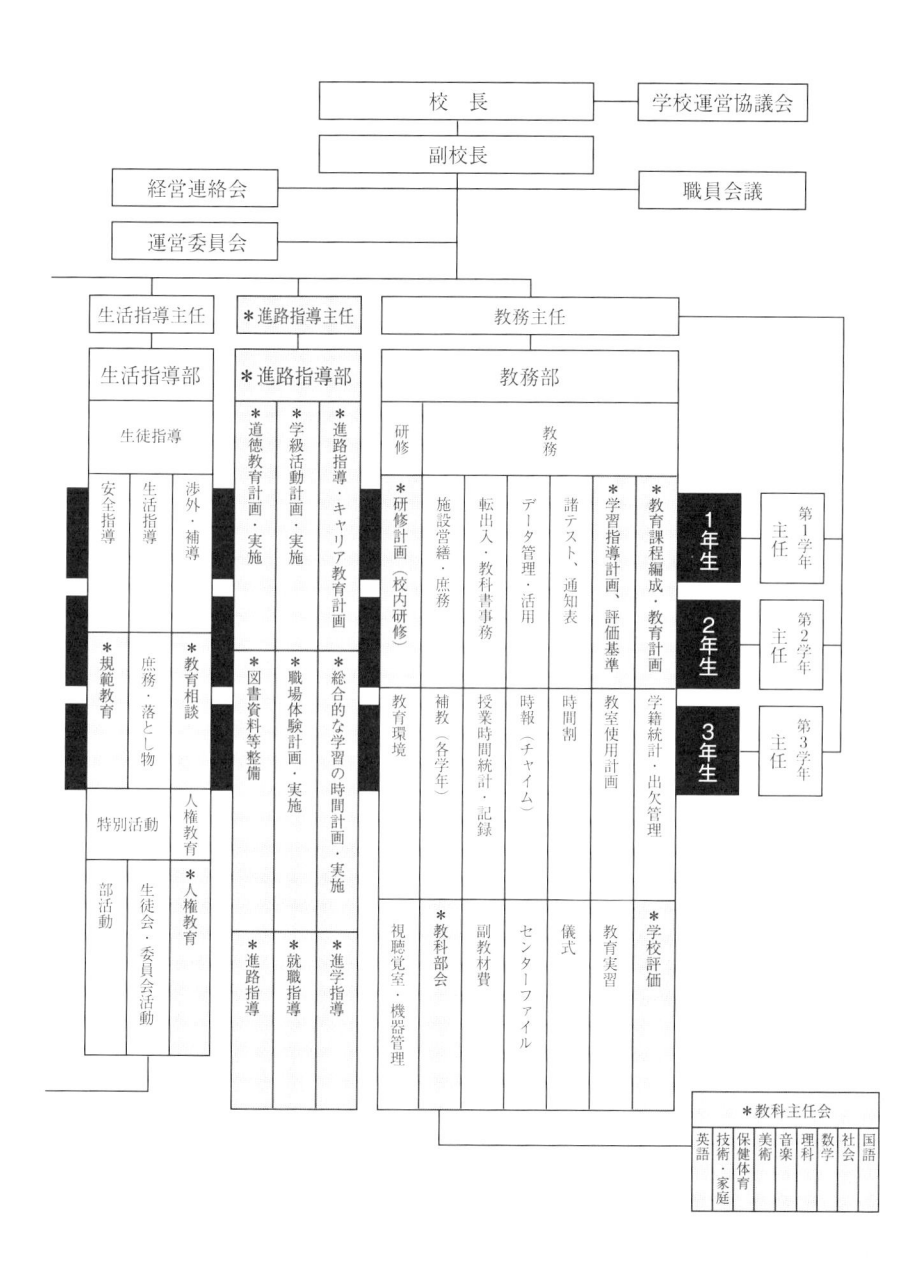

```
                    ┌─────────┐      ┌──────────────┐
                    │ 校 長   │──────│ 学校運営協議会 │
                    └────┬────┘      └──────────────┘
                    ┌────┴────┐
                    │ 副校長  │
                    └────┬────┘
         ┌───────────────┼────────────────┐
   ┌──────────┐          │           ┌──────────┐
   │ 経営連絡会 │          │           │ 職員会議  │
   └──────────┘          │           └──────────┘
   ┌──────────┐          │
   │ 運営委員会 │          │
   └──────────┘          │
```

組織図：

- 校長 ― 学校運営協議会
- 副校長
  - 経営連絡会
  - 運営委員会
  - 職員会議

生活指導主任 / 生活指導部
- 生徒指導
  - 安全指導：渉外・補導／生活指導
  - ＊規範教育：庶務・落とし物／＊教育相談
  - 特別活動：人権教育
  - 部活動：生徒会・委員会活動

＊進路指導主任 / ＊進路指導部
- ＊道徳教育計画・実施
- 学級活動計画・実施
- 進路指導・キャリア教育計画
- ＊図書資料等整備
- ＊職場体験計画・実施
- ＊総合的な学習の時間計画・実施
- ＊進路指導
- ＊就職指導
- ＊進学指導

教務主任 / 教務部

研修
- ＊研修計画（校内研修）
- 施設営繕・庶務
- 教育環境
- 視聴覚室・機器管理

教務
- 転出入・教科書事務
- データ管理・活用
- 諸テスト、通知表
- ＊学習指導計画、評価基準
- ＊教育課程編成・教育計画
- 補教（各学年）
- 授業時間統計・記録
- 時報（チャイム）
- 時間割
- 教室使用計画
- 学籍統計・出欠管理
- ＊教科部会
- 副教材費
- センターファイル
- 儀式
- 教育実習
- ＊学校評価

学年
- 1年生：第１学年主任
- 2年生：第２学年主任
- 3年生：第３学年主任

＊教科主任会
国語	社会	数学	理科	音楽	美術	保健体育	技術・家庭	英語

第３章　進路指導の組織と体制

図3-5　中学校のキャリア教育（進路指導）全体計画（例）（山田智之，2006，pp.30-31

```
┌─────────────────────────────────────────────┐
│         Learning : The Treasure Within      │
│      (The International Commission on       │
│       Education for the Twenty-First        │
│                Century)                     │
└─────────────────────────────────────────────┘

┌─────────────────────────────────────────────┐
│       「学習指導要領」における進路指導         │
│                                             │
│ 総則　第4　指導計画の作成等にあたって配慮     │
│ すべき事項の2                                │
│ 「(4) 生徒自らの生き方を考え，主体的に進路を │
│ 選択することができるよう，学校の教育活動全体 │
│ を通じ，計画的，組織的に進路指導を行うこと」 │
└─────────────────────────────────────────────┘

┌─────────────────────────────────────────────┐
│         キャリア教育におけるめざす生徒像       │
│ ●お互いを支え，認め合い，人権尊重の精神にたった│
│   行動のできる生徒                          │
│ ●基礎的・基本的学力を身につけた生徒          │
│ ●自ら学ぶ意欲をもって，自らの生き方について主 │
│   体的に考え，自らの意思と責任において行動する生徒│
│ ●心身をきたえ，健康で明るく活動する，豊かな心 │
│   をもった生徒                              │
│ ●幅広い視野を身につけた，国際性豊かな生徒    │
└─────────────────────────────────────────────┘

┌─────────────────────────────────────────────┐
│             キャリア教育の目標                 │
│   キャリア教育の4つの能力領域である人間関係  │
│ 形成・社会形成能力，自己理解・自己管理能力，  │
│ 課題対応能力，キャリアプランニング能力の育成  │
│ をめざし，自己の生き方について主体的に考える  │
│ 態度を身につけさせ，自己の個性や能力・適性を  │
│ 理解し，自らの意思と責任において進路の実現を  │
│ 図らせる。                                   │
│                                             │
│ 第1学年：(進路の意識化) 身近な進路情報から将 │
│   来への関心を高め，進んで自己の進路に目を向 │
│   けられる生徒の育成                        │
│ 第2学年：(進路の吟味) 上級学校や職業の情報を │
│   積極的に取り入れ，自己の能力と適性を理解し， │
│   自らの進路を考えることのできる生徒の育成   │
│ 第3学年：(進路の選択・決定) 自らの生き方を考 │
│   え，自己に適した進路の選択・決定をし，将来 │
│   にわたって努力し続けることのできる生徒の育成│
└─────────────────────────────────────────────┘

┌─────────────────────────────────────────────┐
│                     キャリア教育指導計画       │
└─────────────────────────────────────────────┘
```

道徳教育	キャリア教育のめざす能力領域	
道徳授業のなかのキャリア教育にかかわる内容	自己理解・自己管理能力	人間関係形成・社会形成能力

より一部を変更して引用）

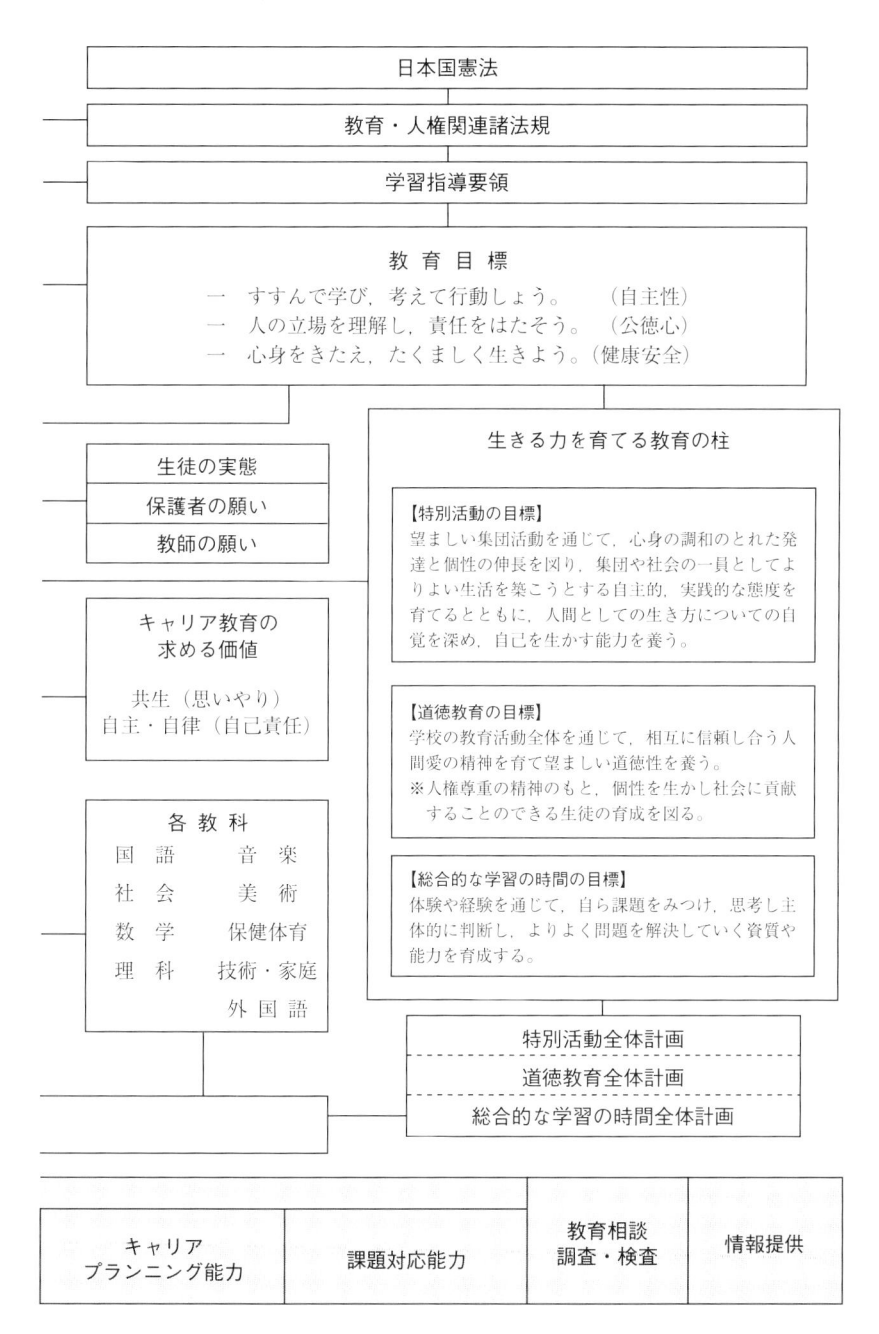

```
┌─────────────────────────────────┐
│         日本国憲法              │
├─────────────────────────────────┤
│    教育・人権関連諸法規         │
├─────────────────────────────────┤
│        学習指導要領             │
├─────────────────────────────────┤
│         教 育 目 標             │
│ 一 すすんで学び，考えて行動しょう。（自主性）│
│ 一 人の立場を理解し，責任をはたそう。（公徳心）│
│ 一 心身をきたえ，たくましく生きよう。（健康安全）│
└─────────────────────────────────┘
```

生きる力を育てる教育の柱

【特別活動の目標】
望ましい集団活動を通じて，心身の調和のとれた発達と個性の伸長を図り，集団や社会の一員としてよりよい生活を築こうとする自主的，実践的な態度を育てるとともに，人間としての生き方についての自覚を深め，自己を生かす能力を養う。

- 生徒の実態
- 保護者の願い
- 教師の願い

キャリア教育の求める価値
　共生（思いやり）
　自主・自律（自己責任）

【道徳教育の目標】
学校の教育活動全体を通じて，相互に信頼し合う人間愛の精神を育て望ましい道徳性を養う。
※人権尊重の精神のもと，個性を生かし社会に貢献することのできる生徒の育成を図る。

各 教 科
　国 語　　音 楽
　社 会　　美 術
　数 学　　保健体育
　理 科　　技術・家庭
　　　　　　外 国 語

【総合的な学習の時間の目標】
体験や経験を通じて，自ら課題をみつけ，思考し主体的に判断し，よりよく問題を解決していく資質や能力を育成する。

- 特別活動全体計画
- 道徳教育全体計画
- 総合的な学習の時間全体計画

キャリアプランニング能力	課題対応能力	教育相談調査・検査	情報提供

第3章　進路指導の組織と体制

図 3-6　中学校のキャリア教育（進路指導）題材関連図（例）（山田智之，2006，pp.34-35

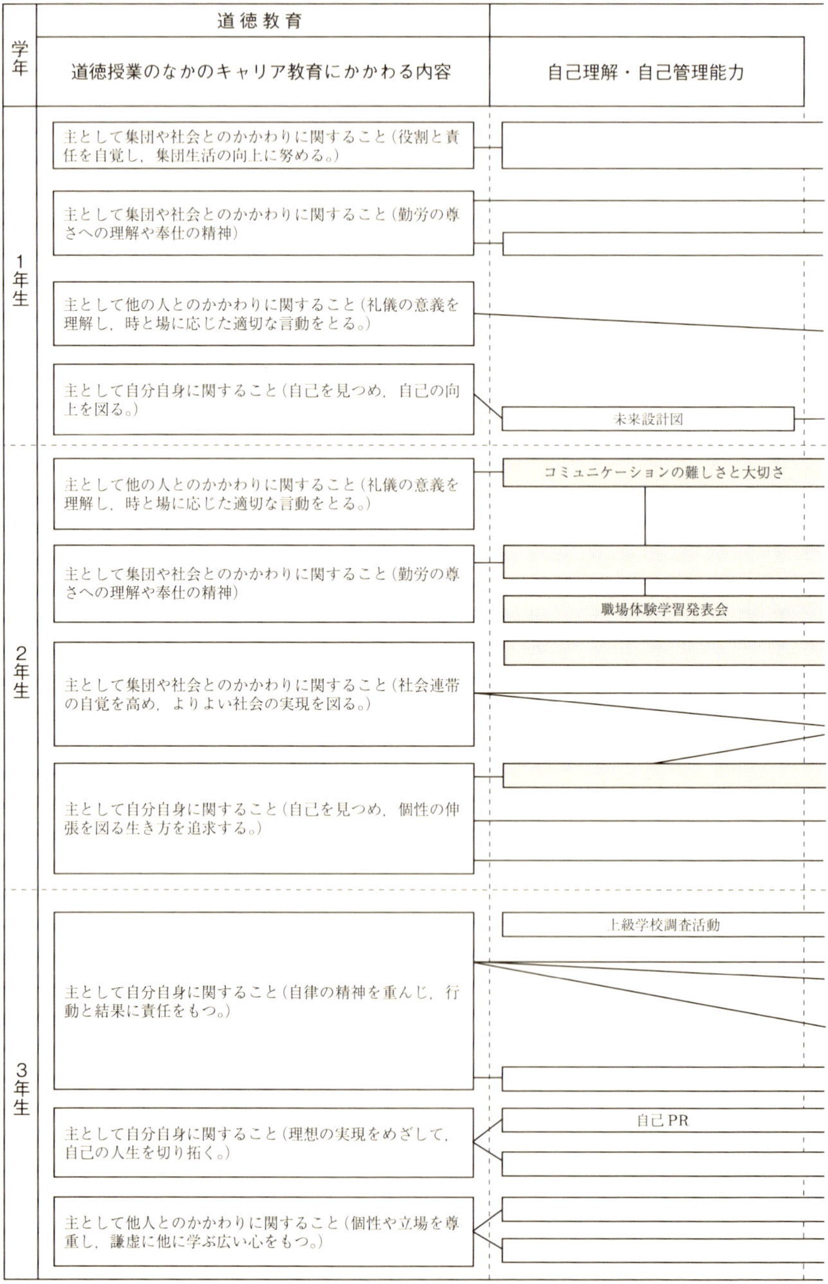

学年	道徳教育	
	道徳授業のなかのキャリア教育にかかわる内容	自己理解・自己管理能力
1年生	主として集団や社会とのかかわりに関すること（役割と責任を自覚し，集団生活の向上に努める。）	
	主として集団や社会とのかかわりに関すること（勤労の尊さへの理解や奉仕の精神）	
	主として他の人とのかかわりに関すること（礼儀の意義を理解し，時と場に応じた適切な言動をとる。）	
	主として自分自身に関すること（自己を見つめ，自己の向上を図る。）	未来設計図
2年生	主として他の人とのかかわりに関すること（礼儀の意義を理解し，時と場に応じた適切な言動をとる。）	コミュニケーションの難しさと大切さ
	主として集団や社会とのかかわりに関すること（勤労の尊さへの理解や奉仕の精神）	職場体験学習発表会
	主として集団や社会とのかかわりに関すること（社会連帯の自覚を高め，よりよい社会の実現を図る。）	
	主として自分自身に関すること（自己を見つめ，個性の伸張を図る生き方を追求する。）	
3年生	主として自分自身に関すること（自律の精神を重んじ，行動と結果に責任をもつ。）	上級学校調査活動
	主として自分自身に関すること（理想の実現をめざして，自己の人生を切り拓く。）	自己PR
	主として他人とのかかわりに関すること（個性や立場を尊重し，謙虚に他に学ぶ広い心をもつ。）	

より引用)

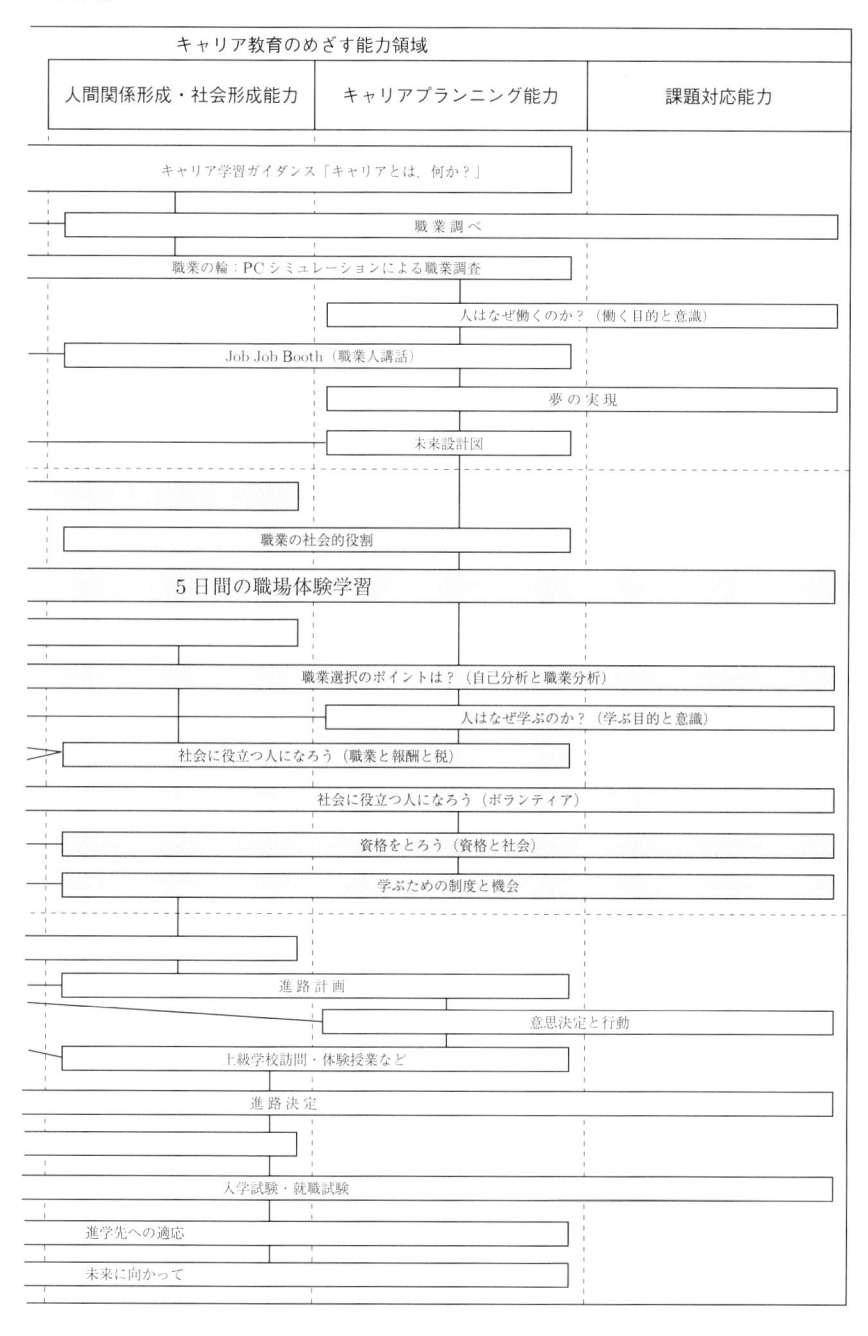

キャリア教育のめざす能力領域		
人間関係形成・社会形成能力	キャリアプランニング能力	課題対応能力

キャリア学習ガイダンス「キャリアとは，何か？」

職業調べ

職業の輪：PCシミュレーションによる職業調査

人はなぜ働くのか？（働く目的と意識）

Job Job Booth（職業人講話）

夢の実現

未来設計図

職業の社会的役割

5日間の職場体験学習

職業選択のポイントは？（自己分析と職業分析）

人はなぜ学ぶのか？（学ぶ目的と意識）

社会に役立つ人になろう（職業と報酬と税）

社会に役立つ人になろう（ボランティア）

資格をとろう（資格と社会）

学ぶための制度と機会

進路計画

意思決定と行動

上級学校訪問・体験授業など

進路決定

入学試験・就職試験

進学先への適応

未来に向かって

図3-7 キャリア教育(進路指導)年間指導計画(例)(中学校 第2学年)(山田智之, 2006,

学期	月	主な年間予定	道徳教育 道徳授業のなかのキャリア教育にかかわる内容	自己理解・自己管理能力			人間関係形成・社会形成能力		
				教科	学活	総合	教科	学活	総合
1	4	始業式, 入学式 身体計測 保護者会, 授業参観	主として他の人とのかかわりに関すること(礼儀の意義を理解し, 時と場に応じた適切な言動をとる。)	2年生のキャリア学習					
				学級における自分の役割と行動, その価値と意味					
	5	生徒総会 セーフティー教室 中間テスト(1日)		安全な生活と自分					
				体育大会と関連:「力を合わせることの価値」					
	6	体育大会 期末テスト(2日)	主として集団や社会とのかかわりに関すること(勤労の尊さへの理解や奉仕の精神)	コミュニケーションの難しさと大切さ					
				職業の社会的役割					
	7	終業式 保護者会		自由とは何か?:「わがままと自由の違い」					
	8	夏季休業 生徒理解月間(夏季面談)							
2	9	始業式 防災訓練 生徒会役員選挙 修学旅行 道徳授業地区公開講座 入学希望者説明会	主として集団や社会とのかかわりに関すること(勤労の尊さへの理解や奉仕の精神)	5日間の職場体験学習事前準備					
	10	合唱コンクール 授業参観 生徒総会 中間テスト(1日) 3年:進路説明会		合唱コンクールと関連:「調和とは何か」					
				職場体験学習に向けて					
	11	3年:進路面談 2年:職場体験学習 期末テスト(2日)		5日間の職場体験学習					
				職場体験学習発表会					
	12	終業式 三者面談(6日)	主として集団や社会とのかかわりに関すること(社会連帯の自覚を高め, よりよい社会の実現を図る。)	職業選択のポイントは?					
3	1	始業式 授業参観 新入生説明会 2年:移動教室		税金ってなんだろう					
				社会に役立つ人になろう					
	2	学年末テスト	主として自分自身に関すること(自己を見つめ, 個性の伸張を図る生き方を追求する。)						
	3	卒業式 修了式 保護者会		自分のキャリアデザイン					
時数			15	50(教科5+学級活動10					

pp.32-33 より引用）

生徒への活動							保護者への活動
キャリア教育のめざす能力						教育相談 調査・検査	情報提供
キャリア プランニング能力			課題対応能力				
教科	学活	総合	教科	学活	総合		
						★生徒理解アンケート	保護者会 授業参観 学校通信の発行 進路通信の発行 学年通信の発行
						★定期教育相談 （学習などに関する個人相談）	セーフティー教室 学校通信の発行 進路通信の発行 学年通信の発行
						★定期教育相談 （学習などに関する個人相談）	体育大会の公開 学校通信の発行 進路通信の発行 学年通信の発行
						★進路希望調査（2年生）	保護者会 学校通信の発行 進路通信の発行 学年通信の発行
						★生徒理解月間（夏季面談） ★各教科お助け教室	
	（体験先の決定など）					★定期教育相談 （職場体験学習に関する個人相談）	入学希望者説明会 道徳授業地区公開講座 学校通信の発行 進路通信の発行 学年通信の発行
	生徒会選挙から：「役割と責任」						
						★定期教育相談 （職場体験学習に関する個人相談）	合唱コンクールの公開 授業参観 学校通信の発行 進路通信の発行 学年通信の発行
						★定期教育相談 （職場体験学習に関する個人相談）	学校通信の発行 進路通信の発行 学年通信の発行
	（自己分析と職業分析）					★三者面談 ★学校評価：保護者アンケート	学校通信の発行 進路通信の発行 学年通信の発行
	学ぶ目的と意識						
	（職業と税）					★定期教育相談 （進路に関する個人相談）	新入生説明会 授業参観 学校通信の発行 進路通信の発行 学年通信の発行
	（ボランティア）						
	資格をとろう（資格と社会）					★第1・2学年進路希望調査 ★定期教育相談 （進路に関する個人相談）	学校通信の発行 進路通信の発行 学年通信の発行
	学ぶための制度と機会						
							保護者会 学校通信の発行 進路通信の発行 学年通信の発行
＋総合的な学習の時間 35）							

第3章　進路指導の組織と体制　59

このようなキャリア教育，すなわち進路指導を実現させるために，学校では学校の教育活動全体を通じて計画的・組織的に進路指導を推進していく必要があることはいうまでもない。しかしながら，そこには多くの乗り越えなければならない課題が隠されていることも事実である。この課題を解決する第一歩は，管理職や進路指導担当教員のリーダーシップのもとキャリア教育・進路指導に対する全教員の共通理解を図ることにほかならない。そして，将来を担う子供たちのために，一歩一歩 キャリア教育・進路指導の充実を図っていくことが重要である。

[山田智之]

【注】
1) On-the-job training の略であり，職務遂行の過程で，または過程を通じて訓練すること。集合教育では訓練できない実践的な内容の研修が可能な研修のスタイル。

【引用・参考文献】
ベネッセ教育開発研究センター 「高等学校の進路指導に関する意識調査——全国高等学校進路ご担当先生対象アンケート調査」 ベネッセ教育開発研究センター 2004
Brown, S. D.（2007）, *Career information, career counseling, and career development*（9th ed.）. Pearson Education, Boston, MA.
中央教育審議会答申 「今後の学校におけるキャリア教育・職業教育の在り方について」 2011
Herr, E. L., Cramer, S. H., & Niles, S. G.（Eds.）（2004）, *Career guidance and counseling through the lifespan: systematic approaches* (6th ed.). Boston, MA: Allyn and Bacon.
Herr, E. L., & Watts, A. G.（1988）, Work Shadowing and Work-Related Learning. *Career Development Quarterly*, 37(1), pp. 78–86.
文部科学省 「キャリア教育の推進に関する総合的調査研究協力者会議（報告書）～児童生徒一人一人の勤労観，職業観を育てるために～」 2004
Vondracek, F. W., Lerner, R. M., & Schulenberg, J. E.（1986）, *Career development: A life-span development approach*. Englewood Cliffs, NJ: Lawrence Erlbaum, pp. 67–83.
山田智之 『教職員のための職場体験学習ハンドブック～先進的モデル「町田っ子の未来さがし」より』 実業之日本社 2006
山田智之・下村英雄「中学校における「キャリア教育（進路指導）」のあり方に関する調査研究」『東京都中学校進路指導研究』16，2007，pp. 39–66.

第4章

進路指導の評価と活用

　進路指導においても，他の教育活動と同様に，評価を行い，それによって指導の充実・改善に役立てることは重要である。本章では，進路指導における評価の本質，評価の対象と内容，評価の実施，評価の活用という側面から，進路指導における評価と活用のポイントを紹介する。なお，教科指導とは異なった進路指導の評価がもつ独特の難しさなどにもふれながら，その意義と特色について考えていきたい。

4-1　評価することの本質：誤解されやすい二つの点

　進路指導における評価は，何のために行われるのだろうか。このことを考えるまえに，評価に関する二つの誤解について考えておくことが重要である。
　一つ目の誤解は，教育評価一般についての誤解である。そして，二つ目の誤解は進路指導を評価するときに生じやすい誤解である。いずれの誤解も，生徒や保護者をはじめとしたいわゆる「一般的な人々」が誤解しているだけでなく，「教育の専門家」である教師が誤解している場合もままあるということが，この問題の根深さを象徴しているように思われる。これらの点を押さえたうえで，進路指導を評価することの本質的な意義について述べる。

(1) 教育評価に対する誤解

　教育評価は，生徒や教師，あるいは学校を値踏みし，極端にいえば「良い」「悪い」というレッテルを貼るために行うものだと考えている人がいる。つまり，教育活動のチェックのために，その結果のみを評価の対象とするというような考え方である。この考えに従うと，評価の意味は，よくできたか否かという結果の成否によって対象を振り分けることにあることになる。「評価」という言葉のイメージが誤解を生む一因にあるのかもしれないが，これは教育評価に対する大いなる誤解である。

　鹿毛（1996）は，このような誤解を踏まえ，教師にとっての教育評価とは自らの教育活動を振り返り，よりよくするためのものであるとしたうえで，「ダイナミックな教育評価実践」を行うことの重要性を指摘している（図4-1）。ここで「ダイナミックな教育評価実践」とは，まず生徒の状態を「理解（把握）」し，その情報をもとに情報を「意味づける（解釈）」ということからスタートする。なお，情報を意味づけるときには，その教育活動において設定されている目標に照らして考えることが重要になる。次に，生徒を理解し，意味づけた結果に基づいて「働きかけ（実践）」を行う。得られた情報に基づいて教育活動を改善するというこの実践過程がセットとなってはじめて教育評価として成立することを，鹿毛雅治は強調しているのである。なお，本章が「進路指導の評価」ではなく「進路指導の評価と活用」という題になっている意味も，評価は活用（実践）と一体となるべきだという上記と同様の考えに基づいている。

図4-1　ダイナミックな教育評価実践の概念図（鹿毛（1996）に基づき筆者が作成）

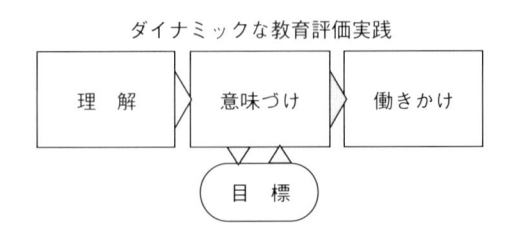

ダイナミックな教育評価実践

理　解　→　意味づけ　→　働きかけ
　　　　　　　↓
　　　　　　目　標

（2）進学・就職実績に対する評価との混同

　進路指導を評価するといった場合，よくある誤解が進学・就職実績に対する評価との混同である。進学・就職実績とは，学校の入学案内などでよくみかける，どこに何名が進学（就職）したというデータである。これがその学校の特徴を示す資料のひとつであることは間違いない。また，その学校が入学試験や採用試験を突破するための力をどれだけ養うことができているかという点を評価したいのであれば，データとして妥当であるかもしれない。しかし，進路指導の定義などをみても明らかなように（第1章の1-1節(2)を参照），進路指導は入学試験や採用試験を突破するための力を身につけるための教育活動に限定されるものではない。したがって，進学・就職実績は進路指導を評価する指標としてまったく不十分なものなのである。そうであるにもかかわらず，進路指導の評価として進学・就職実績のみが用いられるという混同が起こる（文部省，1994）。これには，進路指導を評価することの難しさや，進学・就職実績がもつデータとしてのわかりやすさなどが背景として考えられる。双方を区別し，整理して理解することが重要である。

（3）進路指導を評価することの意義

　進路指導を評価することの意義は，端的にいえば，生徒の進路発達をよりいっそう促すためにどうあるべきかを知り，実践するための方針を得ることにある。もちろん，方針を得るだけにとどまらず，目標に照らして実際に改善のための行動に移すことがその本質であり，重要なポイントであることはすでに述べたとおりである。

　文部省（1992）は，このような進路指導を評価することの意義を，以下に示す三点にまとめている。

　1．進路指導の評価は，その指導目標の在り方やその目標への到達の程度を吟味し，調整する意味を持っている。

　2．進路指導の評価は，指導のための組織や運営の在り方，あるいは指導内容・方法を吟味し，その後の改善に資する意味を持っている。

　3．進路指導の評価は，生徒一人一人の進路発達の過程を明確にして，その発達を一層促進するために欠かせないものである。

これからは，進路指導を評価することの意義に加えて，評価を行う側面が二つあることが読み取れる。すなわち，一つは進路指導の組織や運営，指導内容や方法など学校や教師という指導する側の評価であり，もう一つが生徒の進路発達に関する評価，つまり指導を受ける側の評価である。これは，次節で詳しく説明する。

4-2　評価の対象と内容：だれの何を評価するか

ここでは進路指導の評価において，「誰」の「何」を評価するかという進路指導の評価の対象と内容について紹介する。

前述のように，進路指導の評価には大きく二つの側面がある。指導する側と指導を受ける側，つまり**主として学校側・教師の側の評価と主として生徒の側の評価**である。文部省（1992）は，これらの側面を評価する際の観点を表4-1のように示している。ただし，便宜上このように二つに分けているものの，これらは相互に影響を与えあう一体のものとして考えるべきであり，互いに独立したものではないということを前提として理解しておく必要がある。

(1) 主として「学校・教師」の側の評価

主として学校・教師の側の評価には，「管理・運営」に関する評価と「指導」に関する評価がある（文部省，1994）。前者はハードウエアの評価，後者はソフトウエアの評価と考えるとわかりやすいかもしれない。

管理・運営（ハードウエア）に関する評価とは，指導理念や指導方針，校務分掌上の指導組織，研修計画，家庭や外部の諸機関との連携，施設・整備，予算などの人的・物的環境，条件整備等についての評価であり，進路指導にあたる環境が十分に整っているかという点を主に評価するものである。一方，指導（ソフトウエア）に関する評価とは，指導計画，指導内容，指導過程，指導資料，指導方法・技術等についての評価であり，生徒に対して実際にどのような指導が行われているかという点を主に評価するものであると考えられる。

表4-1　進路指導における評価の対象別観点（文部省，1992）

学校が行う進路指導	生徒の進路発達
1. 進路指導の性格や指導方針を踏まえて指導に当たっているか	1. 将来の自分の生き方に責任を持ち，望ましい生き方を考えているか
2. 地域や学校及び生徒の実態を踏まえて指導がなされているか	2. 自己の能力・適性等，自己の総合的な理解を，現実的な条件に基づいて吟味し修正しているか
3. 指導計画には適切な内容・方法，時間等が配当されているか	3. 啓発的な経験や体験学習を通して，職業や勤労の意義や役割について理解を深めているか
4. 進路発達が促進されるよう，学年に応じた計画が考慮されているか	
5. 生徒理解のための資料の収集・活用が図られているか	4. 産業や職業，上級学校等の情報に関する知識・理解は十分か
6. 社会の変化に対応した進路情報が収集・活用されているか	5. 暫定的な進路計画に検討を加え，よりよい計画を立案しているか
7. 進路相談が効果的に行われているか	6. 進路の計画，選択・決定における主体性は十分に育成されているか
8. 進路の選択決定の指導・援助や追指導が適切に行われているか	
9. 進路指導推進のため，教師間の連携・協力が十分になされているか	
10. 保護者との協力・連携が十分に図られているか	
11. 進路指導の改善・充実のため，評価が計画的に行われているか	

（2）主として「生徒」の側の評価

　主として生徒の側の評価には，個々の生徒の「進路発達」に関する評価と「集団の発達」に関する評価がある。これらは，生徒（または集団としての生徒たち）が，進路指導によってどのように成長，発達しているかを評価するものである。個々の生徒の進路発達に関する評価は，生徒がそれぞれの学年段階（発達段階）にふさわしい進路の発達課題に取り組み，自己の進路を主体的に選択決定し，その後の人生において自己をよりよく生かそうとする意欲や態度・能力をどの程度身につけることができているかを評価するものである（文部省，1992）。これは進路指導の評価のなかでも中核的な要素だといえる。なぜならば，進路指導という教育活動は，すべからく生徒の進路発達を促すために行うといっても過言ではないからである。もう一方の集団の発達に関する評価とは，進路学習にかかわる学級集団，その他の集団の活

動や，その変容に関する評価のことである。当然のことながら，集団としての目標に基づいて評価を行うことが重要であるが，一般的な内容としては，学級や学年が集団として進路学習に対する意欲をもち，生徒がお互いに協力して学習する雰囲気が醸成されているか等があげられる。

4-3　評価の実施：どのように評価するか

どのように，そして，いつ進路指導を評価すればよいかという点は最も重要な問題である。

進路指導の評価の意義は，前述のように，生徒の進路発達をよりいっそう促すためにどうあるべきかを知り，実践するための方針を得ることである。したがって，主として学校側・教師の側を対象とする評価では「生徒の進路発達を促進するための教育環境や教師の働きかけは十分に適切か」という点を判断するための必要十分な情報をどのように集めるかがポイントになる。しかしながら，これは簡単なことではない。竹内（2000）が指摘するように，進路指導は全教育活動をとおした組織的・継続的・系統的な指導であり，特定の教育活動にのみターゲットを定めて評価を行うことは本来的ではない。このような進路指導の本質的要素が「教育環境や教師の働きかけ」をどのように，そして，いつ評価すればよいかを考える場合の難しさにつながってしまうのである。

一方，主として生徒の側の評価においては，「発達段階に応じ，個々の生徒の進路発達が十分になされているか」という点を，さまざまな角度から適切に検討するための情報を集めることが重要となる。じつは，こちらも障壁が多い課題なのである。まず，進路発達を評価することは生徒の全人的な発達を評価することにもつながるという，発達評価そのものの難しさがある。これは知識の習得などと異なり，「安易に」点数化することができない（もちろん，十分な手続きを経てこれらの要素を量的に測定できるように開発された各種検査は存在する。それらを活用することを否定しているわけではない）。また，人間としての在り方・生き方に関する指導である進路指導によって伸長される事柄は，生徒の意欲，能力・態度など多岐にわたる。このことも進路発達のとらえにくさにつながる。このように，生徒の進路発達を

表4−2 進路指導における評価の方法

	調査法	観察法	面接法	検査法
内容	さまざまな事柄に関しての事実や意見などを問う質問項目を作成し、それらに対する回答結果に基づいて個人の事実や意見などを特定集団における位置や意見などを把握する方法（古市，2008）。	個人の外顕的な行動を観察し、記録・分析し、その行動傾向や性格、態度などを理解する方法。行動観察法などによって意図的な意味を持たせる。行動記述（行動をありのまま記述）、行動測定（行動の頻度を記録）、印象評定（行動から受ける印象を評定）のいずれか、あるいはこれらを組み合わせて行われる。	面接者が被面接者と直接対面し、主として言語的コミュニケーションをとおして情報収集を行う方法（古市，2008）。被面接者の表情や動作などの非言語的な表現からも幅広い理解が可能（佐々木，2009）。	標準化されている心理検査を用いて、個人の知能や性格、興味、適性などの心理的諸特性を測定する方法。
種類	評定尺度法、チェックリスト法、自由記述法など。自己評定式と他者評定式がある。	日誌法、逸話記録法、時間見本法（タイムサンプリング法）、場面見本法、行動目録法、評定尺度法など。	自由面接法、構造化面接法、半構造化面接法など。	知能検査、性格検査、職業興味検査など。測定する心理的諸特性ごとに、さまざまな種類の検査用具がある。
長所	他の方法に比べて実施が容易。一斉に多量のデータを収集できる。統計的処理をかけて結果の集約・一般化を行いやすい。	対象のありのままの行動をデータとすることができるため、調査法や検査法よりも多面的な資料となる。	被調査者の回答についてていねいに質問することができるため、より深いレベルでデータを収集することができる。面接自体がコミュニケーションになることから、問題を改善するためのきっかけとなる場合がある。	標準化された信頼性・妥当性のある検査用具を使用することで、被検査者の状態を客観的に理解・把握することができる。
短所	被調査者の自己防衛などを反映して回答の歪曲が起こる可能性があり、もし歪曲があっても個別の判別が困難。質問項目を適切に作成しないと、有効なデータが得られない。	観察者の主観や観察能力によって得られるデータの質や量が左右される。系統的にすべての生徒や教育活動についてデータを収集するためには、多大な労力が必要となる。	一斉に多量のデータを収集することが困難で、実施に労力がかかる。面接者の主観や質問の力、コミュニケーション能力によってデータの質や量が左右される。	実施に金銭的コストが必要となることが多い。検査者の十分な動機づけが得られない場合、有効なデータとならないことがある。
備考	古市（2008）、中澤・菅下・大野木・中澤（1998）を参考に作成。	古市（2008）、中澤・大野木・南（1997）、佐々木（2009）を参考に作成。	古市（2008）、保坂・中澤・大野木（2000）、佐々木（2009）を参考に作成。	古市（2008）、佐々木（2009）を参考に作成。

第4章　進路指導の評価と活用　67

正しく評価することは相応の創意工夫を要する。しかし，だからといって評価をすることをあきらめたり，おざなりになってしまったりしては本末転倒である。学校内外のあらゆる力を結集し，多面的かつ包括的に，知恵と経験と総合力をもって評価に臨みたい。

（1）評価の方法

評価の方法には，表4-2に紹介するものを含め，どのやり方にも一長一短がある。したがって，絶対的な方法というものはない。しかし，そのときどきの状況に応じて，さまざまな方法を組み合わせながら最善のアプローチを選択するように努めることはできる。評価の実施には，このような姿勢と周到な準備，そして行動力が求められる。さらに加えるならば，自校にあった適切な評価方法を新たに開発する努力も求められるだろう。

（2）評価のタイミング

評価のタイミングであるが，一言でいえば「常に」ということになる。つまり，事後評価だけでなく，事前，進行中，事後の評価がそれぞれ重要となるのである。図4-2に示すように，事前評価は「診断的評価」，進行中の活動に対する評価は「形成的評価」，事後の評価は「総括的評価」とよばれている（佐々木，2009）。

「診断的評価」は，対象となる生徒，あるいは集団としての生徒たちに対して，どのように，そしてどのような教育活動が必要かをアセスメントするための評価である。つまり，生徒の特徴をよく把握したうえで最適なアプローチを選択するために行われる評価であるといえる。次に「形成的評価」

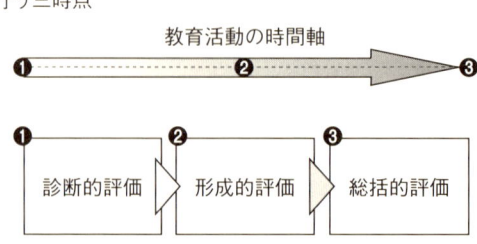

図4-2 評価を行う三時点

は，教育活動が今まさに進行している途中段階で行われる評価である。これは，教育活動が目的に沿って順調に進められているかを確認し，必要であれば適切な軌道修正を行うために行われる。最後に「総括的評価」とは，教育活動の区切りの段階（特定の行事や活動の終わり，学期の終わり，学年の終わりなど）で行われる評価である。総括的評価は，目標が達成されたかという達成度の評価や，反省点や改善点の検討や評価，今後に向けた適切な働きかけ（活用）の検討などを行うためのものである。

4-4　評価の活用：働きかけのねらい

　先に強調したように，進路指導の評価は現状把握に基づく適切な働きかけに結びつくことで，はじめて意義をもつ。ここでは，評価の活用について，どのような方向性をめざすことが大切かという点を解説する。

(1) 進路発達の促進

　これまで強調してきたように，進路発達の促進は進路指導の中核的な目的である。進路発達には，主体的な意思決定能力や選択・決定の基準となるべき価値観の形成，情報を適切に集めて活用する能力や進路設計能力，健全な職業観・勤労観を育てること，自他を尊重しながら社会にかかわるための社会性を身につけることなど，多様な側面が含まれる。これらの諸側面を段階的に伸長することで，生徒の進路発達が促されるのである。

　ところで，発達を促すためには，一般に，個体からの働きかけと環境からの適切な呼応，あるいはその逆，という「相互作用」が重要な要件になると考えられている。いい換えれば，生徒と教師の質の高い相互作用が生徒の進路発達を促進するということができる。相互作用の質は，さまざまな要素によって規定されると考えられるが，教師側からの働きかけに「進路発達を促す」という意図が明確に含まれているか否かという点は非常に重要となる。評価の結果，進路発達をよりいっそう促すための教育環境整備や働きかけが必要であると判断されたとしたら，まずはこの点に着目することが重要だと考えられる。

（2）円滑な移行をめざして

　先に述べた進路発達を促すことが，すなわち円滑な移行（あるいは接続）を支援することにつながることになる。このため，本来両者は不可分でありほとんど重複するものであるが，別の角度から改めて重要性を確認するという意味で，ここで取り上げることにする。

　そもそも**移行**（transition）とは，ある環境，段階，状態などから次のそれへと移り変わることを意味している。したがって，ここでいう円滑な移行とは，上級学校への進学（学校移行）や就職して社会人となること（職業移行）を，さまざまな課題を乗り越えながらもスムーズに遂行することを意味する。

　移行前の段階では，次にどこへ進むかということ，つまり「進路決定」が主たる課題（課題①）となる。これはどのような人生を選択するかということでもある。そして，移行後は新たな環境に適応することが主たる課題（課題②）となる。せっかく上級学校に進学したり，就職をしたりしても，残念ながら新たな環境にうまく適応できず不適応に陥ったり，ドロップアウトしてしまったりすることがある。高等学校や大学等における中途退学や，就職してからの早期離職などがこれにあたる。もちろん，ミスマッチに早く気づき，新たな環境を求めて動くことは悪いことでは決してないが，できることならそうなることのないようにしたほうがよいことに異論はないであろう。このように，進路指導においては，生徒理解や進路情報の提供，啓発的経験，進路相談，進路決定の援助，追指導といった諸活動を通じて，生徒の円滑な移行を支援することが重要になる（図4-3参照）。また，高等学校や大学等の上級学校への進学，あるいは卒業後の就職といった直近の移行を円滑に行うだけではなく，今後の人生において経験するさまざまな人生の転機において，生徒が主体的に人生を選択し，よりよく生きていくために必要な態度や能力を育成することが，円滑な移行を支援することの本質であることを忘れてはならない。ここでは，進路指導が単なる出口指導ではないということを改めて確認すると同時に，この点が評価の活用を考えるうえで，どのように働きかけるべきかという方向性を考えるためのキーポイントになるということを強調したい。

　　　　　　　　　　　　　　　　　　　　　　　　　　　　［永作　稔］

図4-3　移行にかかわる二つの課題と進路指導の諸活動

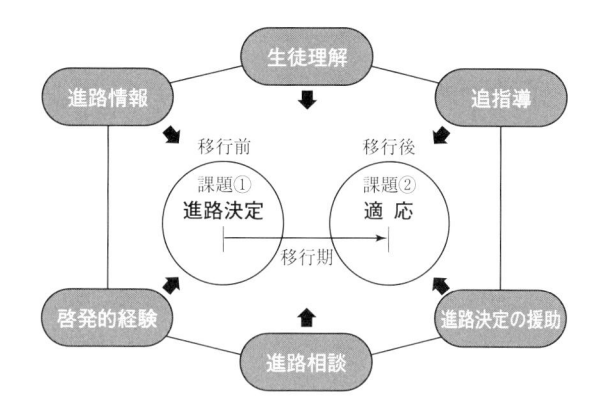

【引用・参考文献】
保坂 亨・中澤 潤・大野木裕明 編 『心理学マニュアル　面接法』 北大路書房　2000
鹿毛雅治 「考えることの評価と教育実践」 若き認知心理学者の会 著 『若き認知心理学者　教育評価を語る』 北大路書房　1996, pp.86-96
鎌原雅彦・宮下一博・大野木裕明・中澤 潤 編 『心理学マニュアル　質問紙法』 北大路書房　1992
古市裕一 「キャリア教育における評価：評価の種類と方法」 日本キャリア教育学会 編 『キャリア教育概説』 東洋館出版社　2008, pp.177-181
文部省 『中学校・高等学校進路指導資料第1分冊　個性を生かす進路指導をめざして――生き方の探求と自己実現への道程――』 海文堂出版　1992
文部省 『中学校・高等学校進路指導の手引　中学校学級担任編（3訂版）』 ㈶日本進路指導協会　1994
中澤 潤・大野木裕明・南 博文 編 『心理学マニュアル　観察法』 北大路書房　1997
佐々木史之 「生徒理解の方法」 楠本恭久・藤本主一 編 『新生徒指導論12講』 福村出版　2009
竹内登規夫 「進路指導の評価と活用」 仙﨑 武・野々村 新・渡辺三枝子・菊池武剋 編 『入門　進路指導・相談』 福村出版　2000

第5章

進路指導の実際

5-1　進路指導体験を振り返ってみる

　筆者自身が，生徒としてのわが進路指導体験を振り返ったとき，それらしきものとして想起できるのは，誠に残念ながら，二つの場面しかない。
　その一つは，中学三年の冬。受験校を決める担任教諭との三者面談の場。
　　　担任：「現状では第一志望は微妙だからワンランク下げなさい。」
　　　私　：「でも・・・，やっぱり，その学校がいい・・・」
　　　担任：「受からなかった場合こと，考えておかなきゃな。」
そして二つ目が，高校三年の冬休み前のLHR（ロングホームルーム）。
　　　担任：「おまえどこ受ける？」
　　　私　：「A大，B大，C大です。」
　　　担任：「（メモしながら）浪人だな。」
　　　私　：「はあ・・・」
　　　担任：「はい，次の人・・・」
　教卓に座った担任に一人ひとりよばれて，ものの数秒の面談（？）であった。

この中学時代の面談は，担任の意に反し，自分の考えを押しとおしたことで，がんばるしかないというふんぎりがついたという面では，役に立ったといえるかもしれない。また，高校時代のそれも，冷たく現実を思い知らされたという面で，これもまた役に立ったのかもしれない。いずれにしても，進路指導などというものを経験したという実感なく卒業していったことだけは間違いない。

　筆者のケースは極端な例かもしれないが，どんな形にせよすべての人が義務教育である中学校においてはもちろん，高等学校においても，なんらかの進路指導を体験しているはずである。本章を読み進めるまえに，まず，それを振り返って，以下のワークシートに記入してみていただきたい。

★ワークシート1

　皆さんが中学生から高校生の間に受けてきた「進路指導と思えるもの」を振り返り，いつ，どのような内容・方法で，指導を受けてきたか以下にあげてみましょう。そして，それがいま振り返って，有益なものであったか否かを記入してみましょう。

いつ頃？	どんな内容・方法で	有益だった？

5-2　何が進路指導を意義あるものとするのか

　自分の体験した進路指導が，有益なものとして認識されるか否かを分けるものは何であろうか。今日，さまざまな形で進路指導のプログラムが紹介されており，記入されたワークシート1にも同じようなプログラムが，多く見いだされることであろう。しかし，たとえ同じプログラムであっても，それらが子どもたちにとって意義あるものと認知されるか否かを分けるものが，進路指導という教育活動の本質にかかわって存在しているように思われ

る。それは，進路指導は，**一人ひとりまったく異なる生徒の生き方や人生という非常に個別的なものにかかわる指導**であるということである。どれほどすばらしい進路指導のプログラムが実践されたとしても，それをどのように受けとめるかは一人ひとり異なるし，最終的にどのように進路決定し卒業していくかということも，もちろん生徒によって違う。十把一絡げに，こちらの価値観やそれに基づく情報を伝える（教授する）ことだけではすまない性質のものなのである。そのあたりが，一般的な教科指導と大きく異なる部分だともいえよう。つまり，進路指導の実践には，一人ひとりの生徒との細やかなかかわりを通じて，個々の生徒が何を思い，何を考えているのかを十分に理解することが特に重要となるということである。そして，そのようなかかわりをとおして，生徒との間に確かな信頼関係を教師が築いていけたときにはじめて，進路指導の実践が，その生徒にとって意義あるものと認識されるようになるのではないだろうか。

　進路指導のさまざまなプログラムは，最終的には，中学校や高等学校を卒業する際の「出口」にかかわる指導に収斂していく。あたりまえのことであるが，入学時から日常的に積み上げられた生徒との信頼関係なくして，だれにもわからない「未来」についての生徒の決断を，教師が援助することなどできるはずがない。こうした生徒と教師の関係が，進路指導に対する子どもたちの印象を大きく左右することになるのは想像に難くないのである。

5-3　教師によくみられる進路指導へのかかわり方

　教師の進路指導へのかかわり方としてよくみられるものに，以下のようなものがあげられるであろう。たとえば，「進路は自分自身の問題なのだから，自分で決めさせるものである」という確固たる信念で，教師として深くかかわろうとせず，ただ「自分で考えさせる」という指導に終始する人もいる。あるいは，「自分に何が向いているかなんて，まだまだわからないことだから，とりあえず今自分がやりたいように，決めたようにやりなさい」と，これまた，どこか距離をおく冷めた指導ですます人もいる。この二つは，「生徒の自主性に任せる」という聞こえのよい言葉で表現されることが多いタイプでもある。また，一方では，教師自身の経験や知識さらには価値観，ある

いは，学校としての教育方針，目標など（学校の価値観ともいえよう）を全面にだし，「こっちにしなさい。」「君には，この進路のほうがいいのだ。」と，強引に決めつけていく人もいる。生徒の希望や考え，本質的な悩みや迷いなどは，多くの場合，無視される指導になる。このタイプも，「生徒の将来のためを思えばこそ」という言葉で，正当化されることの多いパターンである。

　このように，表面的にはまったく異なる形で現れる指導ではあるが，じつはこれも進路指導という教育活動の本質にかかわる現象だといえる。多くの場合，教師は，「正解」が基本的には一つである内容を，全国共通の教科書と自分の専門分野の知識に基づいて「教える」教科指導をその職務の中心に据え，正しい知識や解法の教授者という立場で働く存在である。しかし，その教科指導と比較すると，進路指導は一人ひとりまったく異なる能力や適性，価値観をもつ生徒たちが，それぞれの進路を選び歩んでいく過程を援助する指導であり，しかも「この進路選択が間違いなく適切である」という絶対的な「正解」が存在しない。だからこそ，「生徒の自主性に任せて」進路選択や決定という難題の解決をいっさい生徒に委ねてしまうか，自分自身の経験や知識，価値観を絶対視し，そこから導かれる「一つの」解答例を教授する道を選ぶか，そのどちらかを選ぶことが多くなってしまうのではなかろうか。このような教師のかかわりは，「正解」がだれにもわからないからこそ自らの進路決定に不安を抱く生徒たちに，どのように受け止められるのであろう。前者の場合，自分にとって最良の進路選択を考える際の「良き相談者リスト」から，その教師が確実にはずれることになるだろう。一方，後者の場合は，生徒自身の希望や考え，不安や迷いなどを無視して，教師主導で生徒が進路を決めることになり，最終的に，生徒がその指導を受け入れるにしても拒むにしても，納得のゆく進路決定の過程になるかは疑わしく，教師への不信感も残るかもしれない。

　このような二つのタイプを検討することで明らかになるのは，進路指導が，**一人ひとりまったく異なる生徒の生き方や人生という非常に個別的なものにかかわる指導**であるがゆえの難しさであろう。しかも，その指導の個別性の高さは，教科内容の個別指導とはまったく異なる性質のものであり，教師が二つのタイプに分かれてしまうことも理解できないことではない。しか

し，生徒たちの立場からみれば，この進路決定に向けてのプロセスは，一度しかない自分の人生にかかわる決断をしていく重要なプロセスであり，それにかかわる教師の姿勢に対して非常に敏感になることは容易に想像できる。だからこそ，われわれ教師，あるいは教師をめざそうとする者が良き進路指導の実践者となるためには，進路指導が一人ひとりの人生にかかわる非常に個別性の高い指導であるという強い意識をもち，個々の生徒との良好な関係を構築しながら，その進路決定のプロセスを個別的に援助する姿勢と能力が求められるのである。この点については，進路相談（キャリア・カウンセリング）の能力とかかわって，本章の後半で詳述する。

5-4　進路指導とは何をするものか

（1）進路指導の定義——そのめざすもの

　さて，読者には，5-1節で「皆さんが中学生から高校生の間に受けてきた進路指導と思えるものを振り返り」，ワークシートに記入していただいた。つまり，読者自身が「進路指導として認知していたもの」を，書いたということである。

　「受験校決定時の担任教師との面談」を進路指導として書いた人もいれば，それも含めて，「適性検査をやった」「模擬試験をやった」「職場体験をした」「大学の先生の模擬授業を受けた」「オープンキャンパスに行かされた」等々，いろいろと思い出して列挙した人もいるであろう。

　では，本来の進路指導とはどのような教育活動なのであろうか。おさらいになるが，進路指導の定義（第1章の1-1節(2)も参照）をもとに，進路指導とは何かを確認しておこう。

　　　　進路指導は，生徒の一人ひとりが，自分の将来への関心を深め，自分の能力・適性等の発見と開発に努め，進路の世界への知見を広くかつ深いものとし，やがて自分の将来への展望を持ち，進路の選択・計画をし，卒業後の生活によりよく適応し，社会的・職業的自己実現を達成していくことに必要な，生徒の自己指導力能力の伸長を目指す，教師の計画的，組織的，継続的な指導・援助の過程（である）。（文部省，1983, p.3）

まずは，前節までで繰り返し確認してきた，進路指導の個別性の高さを示す「生徒の一人ひとりが」という言葉ではじまるこの定義であるが，進路指導が何をめざして行われるべきかが明確に示されている。つまり，「将来の生き方への関心を深め」，「将来の展望を持ち」つつ，「自己指導力」を伸長し「社会的・職業的自己実現」の達成をめざす指導なのである。すなわち，卒業時の進路先決定というものは進路指導のプロセスのなかでは，あくまでも一つの通過地点にすぎず，それが最終目標ではないということである。

　しかし，学校現場においては，すべての生徒に進路先を決定させて卒業させたいとの教師の思いや，学校の評価を高める判断材料として進路先が大きな意味をもつという世の風潮もあり，進路先決定そのものが進路指導の最終目標とされ，どのような進路先に進んだかという「結果がすべて！」の傾向が色濃く存在していることは否定できない。教師や学校の立場からすると，学校経営上やむをえない部分もあることは理解できるが，定義にまとめられていることを単なる理想と片づけず，進路指導とは何であるのか，何をめざすものであるのかということを常に意識しながら，自らの指導を振り返っていくことは，非常に重要なことであろう。

（2）進路指導はどの段階から行われるのか

　定義に謳われていることは，決して短期間に成し遂げられるものではないことは容易に理解できる。だからこそ，進路指導は，「教師の組織的・継続的な指導・援助の過程である。」という言葉に示されるように，**生徒が入学した段階から卒業時までを見越して，計画的かつ継続的に行われなくてはならない**。それもたとえば，卒業時点の進路先決定のために早期から進学指導を行い，難関志望校を早期に設定させ，補習，講習を設定したり模擬試験を受験させる受験指導のような狭い意味での進路指導ではない。定義にあるように，将来に向けて自らの生き方を考え，自分自身の興味関心や能力適性などに目を向け，そのときそのときの発達段階にふさわしい進路についての意識を醸成し，ひいては卒業後の世界に適応し，自己実現できる力を身につけさせていくための指導プランを，入学の時点から積み上げていくことが重要なのであり，その積み上げによって卒業時のより良い進路決定が可能になるのだといえよう。そして，このような観点から，各学校において3年間

（あるいは6年間）をとおしての，進路指導の全体計画が作成されているはずなのである。

（3）進路指導はだれが担うのか

　読者に「進路指導と認識されているもの」は，だれから受けた指導として記憶されているであろうか。おそらく，学級担任からの指導という答えが多く返ってくるだろう。進路を含めた生徒のさまざまな問題に最前線でまっさきにかかわってくれるのは，基本的に担任だからである。特に個別性を重視する進路指導の場合は，日々その生徒とかかわる担任による指導は不可欠となる。

　一方，学習指導要領のなかで，進路指導は，

　　　生徒が自らの生き方を考え主体的に進路を選択できるよう，<u>学校の教育活動全体を通じ</u>，計画的，組織的な進路指導を行うこと。（文部科学省，2008；下線は筆者）

とされ，**すべての教師**の関与を求める内容となっている。

　では，実際にすべての教師が，どのような立場で，どのように進路指導にかかわり，どのような役割を果たすべきなのであろうか。以下に簡単にまとめてみよう（3-6節も参照）。

　①校長や教頭（副校長）などの管理職の果たすべき役割： まず，第一にあげなくてはならないのが，校長をはじめとする管理職である。管理職には，本来あるべき進路指導の理念を十分に理解し，その推進を図るために，進路指導が学校の教育活動全体をとおして計画的，組織的，さらに継続的に行われるように学校経営計画を立案し，校内組織体制などの条件整備に努める大きな役割があるからである。そして，このような管理職の姿勢が，教師たちの生徒一人ひとりに対する指導にも大きな影響を与えることになるのはいうまでもないであろう。さらに，さまざまな集会等で，生徒・保護者に対して直接，講話することも管理職の大きな役割であり，そのなかで，生徒・保護者の進路意識をより良く高める講話ができるかどうかにも，あるべき進路指導に関する管理職としての理解度が反映される。そして，それが生徒・保護者の進路にかかわる行動にも，少なからぬ影響を与えることになるであ

ろう。

　②進路指導担当の教師（進路指導主事を含む）の果たすべき役割：　少なくとも一名は，進路指導主事が進路指導関係の業務を司る主任として配置されるなど，進路指導担当の教師がどの学校にも存在している。このような役割を担う分掌組織あるいは担当者が必要とされるのは，進路指導が3年間または6年間，計画的，継続的かつ組織的に学校の教育活動全体をとおして行われるべきものであり，学校全体でそのような活動を継続的に行っていくうえで，学年という枠を超え，その活動を計画し運営していく組織や，その役割を担う人間が不可欠だからである。しかし，現状はどうしても卒業時の進路先決定指導に焦点をあてた単学年指向の進路指導になりがちである。もちろん，進路先決定の指導は進路指導において重要な要素ではあるが，それだけが独立してあるものではない。3年間なり6年間の積重ねの成果としてその指導が成り立つのであって，その意味でも進路指導担当者は本来あるべき進路指導の理念についての理解を深め，学校の教育活動全体をとおして行われる進路指導の推進者としての役割を明確に認識することが重要になる。

　③担任以外の一般の教師の果たすべき役割：　進路指導担当でもなく担任でもない，その他の教師が進路指導と深くかかわる場面は，何といっても授業の場である。このあたりまえのように行われている教科の授業が，じつは生徒たちの進路選択に大きな影響を与えることを忘れてはならない。教師の授業によって喚起されたある教科・科目への興味・関心が，その後の進路選択の原動力になりうることに異を唱える人はいないであろう。つまり，教師にとって，その本分ともいえる教科指導の場面こそ，じつは進路指導の重要な場面であり，生徒たちの興味を高める授業ができるか否かが，生徒のもつさまざまな可能性に大きな影響を与えるものであることを，しっかりと心にとどめておかなくてはならないのである。

　もう一点忘れてはならないことは，生徒には，自分が相談できる教師を選ぶ力があるということである。彼らは，じつに感覚的かつ本能的に自分が相談できる教師を嗅ぎ分ける。担任との間には，定期面談や三者面談という公

式的な面談の場は設けられるが，必ずしもその場が生徒の本心を吐露して深く自分の進路を考えられる場になっているとは限らず，それ以外に自分が信頼できる教師を見いだし，進路決定まで，その教師を真の相談相手として進んでいくことは，しばしば起こることである。このように，どんな教師であっても，生徒の進路指導にかかわる可能性のあることを十分に肝に銘じておく必要があり，だからこそすべての教師が進路指導の理念を明確に認識し，自らが生徒とかかわる場である授業や特別活動などの指導場面をその理念の実現の場と意識することが重要となると同時に，進路情報への関心をもち，進路相談の知識や技術についての研鑽を積む必要性を認識していなくてはならないのである。

5-5　担任として進路指導に取り組む

(1) 担任は進路指導の最前線で活躍する存在

　さて，前節においては，進路指導とは何をめざす教育活動で，いつからだれによって担われるものかということを述べてきた。本節では，具体的に何をどう実践していく活動であるかということを考えていく。

　前節までのところで，進路指導は学校のすべての教師がかかわる活動であることを強調してきた。しかし，実際にその最前線で生徒と緊密にかかわっていくのは，何度もいうように「担任」であることは間違いない。教師になれば，養護教諭などの一部の教師を除いてだれもが自分のクラスを担任し，多くの場合，入学から卒業までの間その生徒たちの指導・援助にかかわることになる。進路指導主事をはじめとする進路指導担当者が，企画・立案した指導計画にのっとり，実際に生徒たちに対して指導するのは担任であり，さらに最終的な進路決定に際し，個別的な指導の中心となるのも担任である。すなわち，教師ならだれもが担任として生徒たちの進路指導にかかわらなくてはならないし，担任の進路指導に傾ける情熱が，当然ながら，その指導の成果を大きく左右することになるのである。

　そこで，以下では，具体的な進路指導の活動内容について担任教師の視点で述べていくこととする。

（2）経験が少ない担任教師には進路指導ができないか

　さて，具体的な進路指導の活動内容に入るまえに，教師としての進路指導経験の有無の問題について考えを述べておきたい。

　進路指導では，経験が豊富で，進路情報も豊富なベテラン教師のほうが良い指導ができるといわれることが多く，実際，進路指導担当の教師には，ベテランとよばれる教師が多く配置されている。しかし，本当にそうなのであろうか。もしそうであるとしたら，担任をもつ20代から50代までの幅広い年齢層の教師のなかで，若い担任教師のクラスにあたってしまった生徒は非常に不公平な立場におかれていることになるわけであるが，しかし，実際，若い教師のクラスに属する生徒たちが進路指導に関して不服を申し立てる機会に接することはあまりない。あるとしたら，それは年齢や経験というよりも，その教師のキャラクターや取り組む姿勢による場合がほとんどである。

　逆に，経験や情報が少ないことは，マイナスというよりもむしろ武器なのではないかとさえ考えられる。もちろん，経験も情報も，もってないよりはもっているに越したことはないであろう。ただ，その経験や情報を多くもつがゆえに，逆にそれを教師が自らの価値観や思い込みで生徒に押しつけてしまうことも起こりやすくなるであろう。それに対して，経験や情報が少ない場合には，生徒を自分の経験や情報の枠にあてはめて手っ取り早く解決することができない分，生徒の話を一から一生懸命に聴いて，少しでもその問題を解決する手がかりを得ようとするであろう。また，生徒とともに必要な情報を探し，一緒に考えていかざるをえない分，生徒にしてみれば，答えをだれかに与えられるのではなく，自分でみつけ自分自身で選んでいることを実感すると同時に，先生に一緒に考えてもらえるという安心感をもつこともできるであろう。

　ただし，これが成り立つのは，自分は経験と情報がないからといって，はなから指導をあきらめたり，人任せにしたりせずに，何とか子どもたちの進路決定の援助ができるように，積極的に情報の収集に努め，精一杯子どもたちにかかわろうという情熱をもっている場合であるのはいうまでもない。経験無し，情報無し，そして情熱無しの無い無い尽くしでは，生徒からの信頼が得られようはずがないからである。

（3）担任として取り組む進路指導の6つの活動領域
　進路指導には，以下の6つの領域の活動が必要になるとされている（文部省，1977）。
　　①生徒理解の活動
　　②進路情報に関する活動
　　③啓発的経験に関する活動
　　④進路相談の活動
　　⑤進路先選択・決定への援助活動
　　⑥追指導に関する活動
　この6つの領域ごとに，担任として行う進路指導の具体的な実践内容を以下にみていくことにする。

（4）生徒理解の活動——生徒を理解するということ
　この活動領域には，教師がさまざまな個人資料に基づき**生徒理解を深める**活動とともに，生徒が，自分自身についての正しい**自己理解を深める**ことができるように援助する活動が含まれている。この生徒理解の活動が進路指導において重視されるのは，自己の興味・関心や能力・適性，望みや将来像などを明確にしていくことが，進路の選択・決定において不可欠な要素だからである。このような**生徒の自己理解を促すうえで，担任教師が個々の生徒理解**を深めることが大きな意味をもつことはいうまでもないであろう。
　しかし，この「理解を深める」ということが曲者である。そもそも教師が「生徒を理解する」というときに，教師は何をもって生徒を理解したと考えているのであろうか。いったい「生徒を理解する」とはいかなることをいうのであろうか。生徒理解ということに関して，菊池武剋は次のように述べている。若干長くなるが以下に紹介する。

　　　生徒は，おかれた状況によって，相手によってさまざまな面をみせるということから，その多面性をとらえることが，生徒理解の方法となる。いわば生徒にさまざまな方向から光をあてて，その全体像を浮かび上がらせるということである。（中略）教師個人ではなかなか困難な作業に，教師が集団で取り組むことになる。この場で教師は自分と違う見方に直接ふれることになり，（中略）　**自分が見ている生徒の姿がその生**

徒の全てではないことを認識することもできる。**教師の見ている生徒の姿は，教師と生徒の関係のありようによってさまざまである**ことを見てきたが，これらは，生徒を外からながめ，理解しようとすることである。教師には見えてこない生徒の側面も当然ある。それは生徒からすれば，教師に見せたくない，見られては困る側面であることもある。(中略)　生徒についての情報は多いに越したことはないということは，一般的にはその通りであるが，生徒の秘密を暴くような，生徒の心に土足で踏み込むような情報のとり方が，生徒理解を妨げることになりかねないことに十分注意しなければならないのである。(中略)　反対に，自分の見せたいところや知ってほしいところについてはどうであろうか。生徒は，それに気付かなかったり，認めなかったりする教師に対しては，「わかってない」「わかってくれない」教師と感じるであろう。一方，教師がそれに気づき，それを認めるとき，生徒は，よくぞわかってくれたと感じるであろう。「理解」とか「わかる」ということは，一方から他方にそれを押しつけることではない。相互の間に，共通のものを持ちあうことである。人を外からながめて，それでわかったつもりになってしまうことが，理解を妨げることになることを忘れてはならない。(菊池，2002，pp. 109–110；太字は筆者)

　担任教師とクラスの生徒との間にこの相互理解がなければ，生徒にとって意味のある指導は成り立たない。つまり，信頼関係があってこそ，教師の指導が生徒の心に届くということである。そして，この相互理解，信頼関係というものは，一方通行の関係ではない。教師が**独りよがりに生徒のことを理解している**と思っても，生徒を理解したことにはならないのである。教師が生徒を**理解**しようとし，生徒は教師に**理解されている**と思う。それが，相互に了解されてはじめて，教師の**生徒理解**がはじまるのである。

　教師にとって，一人の生徒は何十分の一，何百分の一の存在にすぎないが，生徒にとっては，担任は唯一の，しかも選ぶことのできない存在である。その意味でも，担任教師として今一度，「生徒を理解する」とはどのようなことかを深く考え自らの生徒理解のあり方を振り返ることが非常に重要になるといえよう。

(5) 生徒理解の方法（その1）——進路希望調査——

　生徒理解の方法としてさまざまな文献でよくあげられるものには，観察法，調査・検査法，対話・面接法などがあるが（観察法については前節の内容を，対話・面接法については進路相談活動の項(10)を参照。第4章の表4-2も参照），ここでは学校現場で進路指導の活動のひとつとして広く行われている「進路希望調査と進路適性検査」について述べる。

　進路指導のスタートとして多く実施されるのが，進路希望調査である。早ければ高校入学と同時に行われることもある。どの人も一度はどのような形であれ調査をされた経験があろう。学校によって統一の書式で実施するところもあれば，担任の裁量で実施される場合もあるが，いずれにせよ，どこの学校でも**あたりまえのように行われる調査**である。そして，あたりまえであるがゆえに，とても軽く扱われる調査であり，その調査を受ける生徒一人ひとりの気持ちなどに思いを馳せることもなく，非常に安易に実施されることが多い。生徒を理解するための重要な材料，特に進路指導に生かす材料として活用するという本来の目的が忘れられ，へたをすると単なるLHRや学活の時間の埋め草としての扱いしか受けてない場合すらあるのが現状ではなかろうか（もちろん，きちんと活用されている学校もある）。

　しかし，生徒の立場になって考えると，どのタイミングで調査が実施されたとしても，自分自身の将来のことを表現することは決して簡単ではなく，むしろ困難をともなうことである。教師にとっては1枚の紙をマスプリントしただけの調査であっても，生徒によっては，とても深刻に思い悩んだり，考えがまとまらず調査の質問に十分に答えらないことで自責感が高まることもある。また，何も決まっていないと思っている生徒は，決まっている生徒たちをみて，自分だけが取り残されているような強い焦りすら感じる場合があるのである。このようなことを十分に認識し，生徒をよりよく理解する機会とするためにも，事前に「いつ，どのような目的で，どんな内容について，どういう形式で」調査を実施するかを明確に連絡し，調査の趣旨がきちんと理解されるような準備をする必要がある。そして，生徒が自らの進路についていろいろと考え，必要に応じて事前に進路情報を探索・調査できるように指導し，教師に対しての質問や相談も可能であることを伝え，調査に対して前向きに臨めるような仕掛けをしておくことも大事であろう。さら

に，用紙の作成にあたっては，生徒の不安や迷いなども，できるだけ率直に表現できるような工夫も必要となる（書式5－1：なお，書式内＿＿は項目の強調，～～～は指示の強調を表す）。また，特に入学時の進路希望調査の際にはただ単に現段階の希望を問うだけでなく，これまでの自分の夢やあこがれを振り返る作業とセットにし，自分の夢の移り変わりを振り返ることによってあらためて，自分の進路希望の方向性に気づけるような工夫があってもよいであろう（書式5－2）。

　このようにして得られた調査結果は，生徒理解という観点から非常に重要な資料であるにもかかわらず，担任の机の引き出しや書類の山に埋もれることも残念ながら少なくない。進路の問題は，それをとおして生徒の抱えるさまざまな問題（家族関係や家族の経済的な問題，友人との人間関係など）が反映されることも多く，この調査を資料としながら面談を行うことにより，単に進路指導の側面からだけでなく，その生徒の全人的な理解を深める契機ともなりうるものであることを意識し，よりよい調査形式を模索しつつ結果を十分に活用する心構えで実施されるべき調査であることを忘れてはならない。また，学校として統一した書式で実施ができるようになれば，進路指導担当者などが中心となり，その結果を集計し，その学校の生徒たちの進路希望の傾向などを経年で比較し，指導方針の策定に生かすこともできるであろう。

（6）生徒理解の方法（その2）——進路適性検査・職業興味検査——

　生徒理解を図り，生徒自身の自己理解を深めさせるという目的で種々の進路適性検査や職業興味検査が，ほとんどの学校で進路指導の行事に位置づけられている。しかし，多くの場合，このような検査を作成している業者が，「忙しい」とされる「教師の手間を省く」ために「至れり尽くせりの仕様」でこれらの検査を作成・販売している関係で，担任教師の役割は，ある日のLHRの時間に試験の監督をし，あとは送られてくる大変詳細な生徒用の結果資料を生徒に返却するだけの場合が多い。さらに，緻密な教師用の種々のデータはさっと眺めるだけで本棚にしまわれ二度と日の目を見ないことも，ままあるのではなかろうか。一方，その結果を受け取った生徒の大多数は，このような正式な心理検査の類を受検するのが初めてで，その結果に対して

書式5-1

進路希望調査　1年生　第2回　9月　進路部

右側の回答欄に該当する番号を1つだけ記入して下さい。

1) 現在の第1希望の進路を下から1つだけ選んで下さい。
　　（いま，現在第一に考えているところをここでは1つだけ記入して下さい。
　　まだ迷っていることもたくさんあると思いますが，それは 2) のDの自由記入欄に記入して下さい。）
　　①就職　②公務員就職　③専門学校　④短期大学　⑤4年制大学　⑥未定

　　　　　　　　　　　　　　　　　　　　　　　　　　　　　　　1)｜　　　｜

2) 希望の分野：上で選んだ進路希望先に対応させ，
　　A，B，Cのいずれか1つの回答欄に，第1希望分野のみを書いて下さい。
　　未定を選んだ人は，Dの記入欄に現在の状況を自由に記入して下さい。
　　★まだ，1つに絞れない人もいると思いますが，どれか1つだけ記入し，それ以外の希望分野について
　　　や，どのように迷っているかなどを，下のDの枠内に自由に記入して下さい。

A：大学・短大希望の場合
①日本語・日本文学　②外国語・外国文学　③国際関係・国際文化　④歴史・地理
⑤哲学・思想　⑥社会学　⑦福祉（社会福祉）　⑧保育・幼児教育　⑨教育・教員養成　⑩心理
⑪法学・政治学　⑫経済・経営・商学　⑬観光・ホスピタリティー　⑭美術　⑮音楽　⑯体育
⑰栄養　⑱被服（ファッション系）　⑲理学（数学，物理学，化学，生物，地学など）
⑳工業・工学（機械，電気電子，建築，工業化学など）　㉑農学　㉒動物・水産　㉓医学　㉔看護
㉕医療技術　㉖薬学　㉗環境　㉘情報・IT系　㉙未定

　　　　　　　　　　　　　　　　　　　　　　　　　　　　　　　A)｜　　　｜

B：専門学校希望の場合
①工業系（自動車整備，建築技術）　②情報・IT系（情報処理・CG等）　③語学系
④ホテル・観光・エアライン系　⑤動物系（トリマー・動物看護など）　⑥看護系
⑦理学・作業療法系　⑧鍼灸・柔整系　⑨臨床検査・放射線　⑩栄養系　⑪調理系　⑫製菓系
⑬理容系　⑭美容系　⑮幼児教育・保育系　⑯介護福祉系　⑰ファッション系　⑱美術デザイン系
⑲音楽系　⑳スポーツ系　㉑経理簿記系　㉒法律・公務員受験系　㉓農業園芸バイオ系　㉔未定

　　　　　　　　　　　　　　　　　　　　　　　　　　　　　　　B)｜　　　｜

C：就職・公務員希望の場合
①事務系就職　②販売系就職　③サービス系就職　④工業・技術系就職
⑤職種未定だが一般就職希望　⑥国家公務員Ⅲ種　⑦地方公務員初級　⑧警察官　⑨消防官
⑩その他の公務員　⑪公務員試験を受けることしか決めていない

　　　　　　　　　　　　　　　　　　　　　　　　　　　　　　　C)｜　　　｜

D：未定の場合（現在どのような点について迷ったり考えたりして，未定になっているのでしょうか？）

｜　　　　　　　　　　　　　　　　　　　　　　　　　　　　　　　　　　　　　　　｜
｜　　　　　　　　　　　　　　　　　　　　　　　　　　　　　　　　　　　　　　　｜

3) いま，将来のことで「こういうことで悩んでいる，心配だ，困っている」「こういうことで相談したい」ということがあれば，以下に自由に記入して下さい。

｜　　　　　　　　　　　　　　　　　　　　　　　　　　　　　　　　　　　　　　　｜
｜　　　　　　　　　　　　　　　　　　　　　　　　　　　　　　　　　　　　　　　｜

年　　組　　番　氏名

書式5-2

★ワークシート　あこがれ遍歴！

0. はじめに

　皆さんは，これから高校生として新たな気持ちで自分の将来を見つめていくことになります。将来のことはだれにもわからないことですから，自分がこれからどうやって生きていくのか，どんな大人になっていくのかということも，当然簡単には答えがでない問題です。でも，そのような大きな問いから，逃げることなく，とにかく一緒に考えていきましょうね！

1. あなたの15年：あこがれ遍歴

　今回は，第一歩として，自分が，これまでにどんな職業にあこがれてきたかというその歴史を振り返ってみましょう！　生まれてからの自分の歩みをたどることで，いまの自分の立ち位置や方向性が，ちょっとはっきりするかもしれません（あなたのいまは過去の積み重ねの結果ですから）！！

PAST（過去を振り返ろう）
　★あなたは，いままでにどんな職業に就いてみたいと考えてきたでしょうか？
　　　○小さな頃からの自分を振り返って思い出せる限り書いてみましょう！
　　　○それぞれ，どうしてそうなりたいと思っていたのか？
　　　○どんなきっかけからそう思ったのか？
　　等々，思い出せることを何でも書いてみよう！
　◆乳児期，幼児期，小学校前半，後半，中学校，高校という区切りが入っていますが，それにこだわらず，自由に書いて下さい！

	その頃，すきだったことは？	あこがれてた職業？	何でそのしごとにあこがれてたの？きっかけは？
平成5年0歳	何か覚えてる？覚えてたらスゴイ！		
1歳			
2歳			
3歳			
4歳			
5歳			
6歳			
7歳			
8歳			
9歳			
10歳			
11歳			
12歳			
13歳			
14歳			
15歳　今この時			
16歳			

　　　　　　　　　　　　　　　　　　　　　年　組　番　氏名

非常に敏感に反応する場合も少なくない。こうした検査では，一人ひとりに渡される結果票にさまざまな職種や学問分野への適性や能力のマッチングを示すデータが並び，その分野に向くか向かないかが淡々と示されており，その結果をみて影響されずにいることは，教師が思っているほど容易なことではないのではなかろうか。まして，生徒が自分の将来について真剣に迷い，悩み，何か手がかりがほしいと思っていればいるほど，その結果に強く影響されるであろう。

　実際，筆者の職場でも，1，2年次に実施した適性検査の結果を携えて3年次の進路決定期に相談にくる生徒が毎年必ずいる。その生徒たちは検査結果を忘れず，その判定を重要な判断材料にして自分の進路を決定しようとしているのである。教師のかかわりがなければ，実際にやってみなくてはわからない将来の可能性を「適性があまりない」という検査結果の資料のみに基づいて消してしまうかもしれないのである。

　キャリア発達的な観点にたてば，ある職業に対する適性は固定的なものではなく，実際にその職業に就いて働くうちに発達していく可能性のあるものである。そのような認識をもって，あくまでも将来を考えるための自己理解のひとつのきっかけととらえるような働きかけが不可欠になる。これらの検査の本来的な目的に立ち返って，その検査結果をもとに生徒と話をし，生徒がその検査の結果をどのように受けとめているかを確認するだけでも，生徒にとっては検査の結果に関する不安を解消できるチャンスとなり，冷静に結果をもとに自分を振り返る機会ともなるであろう。

　また，自分の思いもかけないような職業に対して興味あるいは能力・適性が示される場合に関しても，結局，その職業を知らないから自分の希望にあがっていない場合もままあることなので，それを機会にその職業について調べて興味・関心の幅を広げさせるなど，前向きにとらえられるように働きかける必要がある。同様に，自分が強く希望する職業や学問分野に対する適性が他と比較して低く示されることもしばしばであるが，本当にその領域に適性がないかどうかは実際にそれをやってみないとわからないということと同時に，なぜそれを希望するようになったのかを確認し，本当にそれが自分の得意なことや自信のあることをもとにした選択であるのかなど，その希望自体を冷静に振り返らせるチャンスともなるであろう。いずれにしても，検査

結果を絶対視するところから話を進めずに，結果をみての生徒の感想を聴くことを出発点に話を進めていきたいものである。

このような検査のなかでも，「職業レディネステスト」とよばれる職業興味検査は，検査結果を生徒が自分自身で集計して判定をだすことのできる検査であり，周囲の仲間と話し合いながら結果を振り返ったり，どうしてそのような結果がでているかということも皆で一緒に考えることもできる検査である。担任としても，その作業にかかわりながら個々の生徒に介入しやすいこともあり，生徒がその結果を，断定的なものとして受けとめてしまう危険性の低い検査だといえるだろう。また，この検査は，職業への興味を測定する検査であるため，職業知識を深める契機としても利用が可能であり，検査とその結果に基づく職業調べをセットにして実施することでよりよい職業観を身につけるよいチャンスとすることもできる。さらに，この検査は地域のハローワークにおいて無料で配布されていることもあり，実施しやすい検査である（コラム１と書式５−３参照）。

(7) 進路情報に関する活動(その１)　——進路情報のもつ意味——

人は見通しが立たない状況におかれたとき，つまり，これから起こることに対する**情報が非常に乏しければ乏しいほど**，強い不安を感じるものである。同様に，進路決定者としての生徒も，将来，自分がどうなっていくのかわからないがゆえの漠とした不安と同時に，進路決定に際して必要となる正確な情報が乏しかったり，どんな情報が必要なのかさえもわからなかったりすることから，不安を感じている可能性がだれにでもあることを担任教師として十分に心のとどめておく必要がある。実際，進路のことで悩んだり迷ったりしていた生徒が，ほんのちょっとした情報を提供されることで，その不安が解消し晴れ晴れとして去っていくことは日常茶飯事なのである。

このように進路指導において，**適切なタイミングで適切な情報を生徒に提供すること**が，非常に重要な要素であることは論をまたないことであるが，ややもすると，それが進路情報に関する活動のすべてであると思われがちである。すなわち，教師の側が多くの情報をもち，その提供者となり，生徒に進路先を助言するという，情報をもつ者としての教師，もたざる者の生徒という関係性のなかで行われるものとして理解されてきたのではないかという

── 〈コラム１〉「職業レディネステスト」ってどんなテストなの？ ──

　このテストは，独立行政法人　労働政策研究・研修機構という公的な機関が作成出版しているテストで，すでに第３版を重ねている信頼性の高いテストです。テストの実施も比較的簡便で，しかも生徒自身が自己採点，分析できる点でも学校での利用に適しています。近隣のハローワーク，職業安定所で無料配布しています。

☆このテストは　Ａ検査，Ｂ検査，Ｃ検査の３つの検査からできています。

| Ａ検査：職業に対する興味　（その仕事をやってみたいか）
| Ｂ検査：基礎的指向性　（日常の生活行動や意識がどのような方向を指しているか）
| Ｃ検査：職業遂行の自信度　（その仕事をうまくやる自信があるか）

　ＡとＣの検査は同じ文章項目（仕事についての記述）に対して，やりたいかどうか，自信があるかないかを評定する。

★Ａ検査とＣ検査の結果によって，次の６つの領域の分野への興味や自信が示されます。
　　　Ｒ（現実的領域）：機械・物を対象とする具体的で実際的な仕事や活動に対する好みや関心の強さを示す。
　　　Ｉ（研究的領域）：研究・調査などの研究的，探索的な仕事や活動への好み，興味を示す。
　　　Ｓ（社会的領域）：人に接したり奉仕したりする仕事や活動に対する好みや関心の強さを示す。
　　　Ｃ（慣習的領域）：定まった方式や法則にのっとり行動するような仕事や活動に対する好みや関心の強さを示す。
　　　Ｅ（企業的領域）：企画や組織運営，経営などの仕事や活動に対する好みや関心の強さを示す。
　　　Ａ（芸術的領域）：音楽，美術，文芸など芸術的な領域での仕事や活動に対する好みや関心の強さを示す。

★Ｂ検査の結果では以下の３つの志向性で，その人の行動特性からの職業への興味が示されます。
　　　Ｄ（対情報志向性）：データ（抽象的あるいは具体的な概念や感情・情緒などを表す文字・数字・記号などの集まり）の処理にかかわる仕事を主とする職業群。
　　　Ｐ（対人志向性）：人に対して行う仕事を主とする職業群。客や依頼主に対して商品を売ったり，勧めたり情報や援助を提供したりするので人当たりの良さと礼儀正しさ，対人場面への興味・順応性等が求められる。
　　　Ｔ（対物志向性）：物（品物，機械装置，道具，原材料など）の取扱いの仕事を主とする職業群。機械や道具，身体を使って対象物を加工したり，組み立てたり，運んだりするので，物の形や位置関係を正しく知覚したり，物を巧みに取り扱う能力，注意力や正確さが求められる。

☆このようにこの検査は，能力検査を含まないので，適性検査とはちょっと違います。
　　　　　★自分自身の興味や自信がある職業を確認する。
　　　　　★自分自身の傾向を知り，自己理解を深める。
　　　　　★職業について知り，考える材料を提供してくれる。

☆このテストの実施で以下のような成果が期待できると思います。
　　　　　★生徒がさまざまな職業に関する自分のイメージをチェックすることができる。
　　　　　★自己理解を深める機会を提供できる。
　　　　　★職業に関する知識を深めるきっかけを提供できる。
　　　　　★将来のこと，進路選択への関心を喚起することができる。

☆このテストを今の時期（高１の早い時期）に実施する意味。
　　　　　★（6）生徒理解の方法（その２）であげたようなことからも，今後の進路学習や種々の選択に向かうための最初のステップとして活用できる。

☆毎年実施して，ポートフォリオにしておくのもよいでしょう。
　　　　　★変化の激しい年代ですので，毎年実施して自分の変化に気づいたり，それを確認することで，自分の現在の希望を確認することもできるでしょう。

書式5-3 「職業レディネステスト」の結果から考えよう

「職業と自分」のかかわりについてより深く考えてもらうために，いろいろな職業に対する興味，自信，そして自分自身を知るための手がかりとなる「職業レディネステスト」を実施しました（コラム1参照）。

結果から考えよう。
【Ｉ】 プロフィール表のＡ検査（興味）とＣ検査（自信）を見てみましょう。
① Ａ検査のなかで得点が他の領域に比べて高い領域はどれですか？（一つでなくてもかまいません）
別表を見て，その領域の職業について書き出してみましょう。
（高いといえるのは数値が61以上のものですが，その数字を越えるものがない人はそれにこだわらず，他の領域と比較して単純に高いものでOKです。）

領域	職　　　業

② Ｃ検査のなかで得点が他の領域に比べて高い領域はどれですか？（一つでなくてもかまいません）
別表を見て，その領域の職業について書き出してみましょう。
（高いといえるのは数値が61以上のものですが，その数字を越えるものがない人はそれにこだわらず，他の領域と比較して単純に高いものでOKです。）
その領域のなかで，興味をもてる職業を探してみましょう。

領域	職　　　業

③ Ａ検査のなかで得点が他の領域に比べて低い領域はどれですか？（一つでなくてもかまいません）
別表を見て，その領域の職業について書き出してみましょう。
（低いといえるのは数値が39以下のものですが，その数字を越えるものがない人はそれにこだわらず，他の領域と比較して単純に低いものでOKです。）
その領域のなかで，興味をもてる職業を探してみましょう。

領域	職　　　業

④ Ｃ検査のなかで得点が他の領域に比べて低い領域はどれですか？（一つでなくてもかまいません）
別表を見て，その領域の職業について書き出してみましょう。

(低いといえるのは数値が39以下のものですが，その数字を越えるものがない人はそれにこだわらず，他の領域と比較して単純に低いものでOKです。)
その領域のなかで，興味をもてる職業を探してみましょう。

領域	職　　　業

⑤ A検査とC検査の両方で得点が高い領域はどれでしょうか？
　A検査，C検査の両方で，他の領域に比較して高い領域についてみてみましょう。
　興味と自信の両方が高いこの領域はあなたの志向を強く示しているといえます。
　その領域のなかで，興味をもてる職業を探してみましょう。

領域	職　　　業

【Ⅱ】　次に，B検査（基礎的志向性）の結果から考えます。これは皆さんの日常の思考や行動のパターンから，皆さんの傾向を理解しようとする検査です。
・B検査のなかで得点が他の領域に比べて高い領域はどれですか？
　別表を見て，その領域の職業をみてみましょう。たくさんありますが，そのなかでA，C検査で書き出した職業と重なるものがあれば書いてみましょう。さらに，そのなかで興味のもてる仕事を○してみましょう。
　（高いといえるのは数値が61以上のものですが，その数字を越えるものがない人はそれにこだわらず，他の領域と比較して単純に高いものでOKです。）
　（注）B検査の場合，たとえばDとPの二つがともに高い場合には，DP型と考えますので，D型，P型の職業例だけでなくDP型の職業例もみてみましょう。

型	職　　　業

【Ⅲ】　ま　と　め
　今回の自分の結果で，どのようなことを感じましたか？
　たとえば，自分が希望している職業や分野と一致する結果だったでしょうか？　あるいは，書き出した職業で，新たに興味を抱けたものは何かありましたかあ？　そのようなことにふれながら自由に感想を書いてみて下さい。

_____

_____

　　　　　　　　　　　　　　　　　年　組　　番　氏名 _____

ことである。

　しかし、この一方通行的なかかわりを良しとする考え方にたったままで、進路指導の定義に掲げられた目標が達成できるかといえば、それは難しいであろう。進路指導の定義には、「生徒が自分自身で、進路の世界への知見を広めかつ深めながら、進路の選択・計画をし、社会的職業的自己実現を達成していくのに必要な、生徒の自己指導力の伸長を目指す」ことが目標として掲げられていたが、教師からの一方的な情報提供や助言によって、その目標が達成されることはあまり期待できないからである。

　その意味でも、この「進路情報」というものにまつわる教師と生徒との関係性について、教師の側が認識を変えていくことがとても重要であり、「進路情報に関する活動」は、教師が進路に関する情報・資料を収集・提供し、進路の世界についての実情を正しく生徒に理解させる活動と、生徒自ら進路情報の収集・選択の能力を高め、適切な進路選択に活用させる活動の二つで成り立つものであることを理解して指導を進めなくてはならないのである。

（8）進路情報に関する活動（その2）――進路情報についての指導方法――

　入学時からさまざまな進路関係の情報に関心をもち、その収集ができるよう、望ましい進路情報に目を向けさせ、それを収集する方法についての指導が必要となる。どのような順序性で進路情報にふれさせる指導をするかは、各学校によって異なるが、おおまかには以下のようになろう（高等学校の例）。

◆初期の段階：将来の職業世界に対する興味の幅を広げる段階――生徒たちは非常に限られた職業情報によって自分の将来を考えている。あたりまえのことであるが、「人は、知らないものは選べない」のであり、さまざまな職業を知ることで新たな自分の可能性に気づくチャンスもある。

　　◇活用ツール：労働政策研究・研修機構ホームページ（http://www.jil.go.jp）より「キャリアマトリックス」

◆中期の段階：自分の希望する方向性や領域・分野について調べる段階――少しずつ、将来のことを見据えながら具体的な卒業後の進路の方向性、志望領域・分野について考えることを促していく。

　　◇活用ツール：蛍雪時代 臨時増刊「学部学科案内号」旺文社、労働政策研究・研修機構「高校生就職スタートブック」

◆後期の段階：具体的な志望を考えていく段階——ここまでの学習を踏まえ，自分の志望先を具体的に考えていく。
　◇活用ツール：大学入試センターホームページ（http．//www.dnc.ac.jp）より「ハートシステム」，ハローワークの高卒求人検索システム

　その他に，民間の進路情報企業から発行される媒体にも十分活用できるものがあり，それらをじょうずに利用しながら，生徒が自分自身で探索し，考え，決めていく姿勢を育てていくことが大事であろう。そのなかで教師は，生徒とともに調べ探索しながら，生徒が，情報の取捨選択やそれを踏まえて自ら意思決定を行うことを援助していくことになるのである。ただ，生徒の意思決定が，適切な情報に基づいて行われているかを判断するためにも，**教師の目で独自に収集した情報をもっていることが重要**であることを忘れてはならない。

　もう一つのポイントは，いかに生徒に情報提供するかである。教師は，生徒から情報を求められると，とかくその問いに答えることのみに集中する。じつは，そこに落とし穴がある。まず，その問い自体が，生徒の希望を正しく反映しない，的外れな問いである場合があるからである。それに気づかずに，ただ問われたことだけに回答してしまうと，答えを与えたところで，そのやりとりは終わってしまい，教師から与えられた情報が生徒にとって本当に必要な情報であったのかどうかもわからず，場合によっては，その情報によって生徒は間違った意思決定をすることも起こりうるのである。さらに，生徒が本当にそのことが知りたくて，その問いを発しているかも，わからない。進路情報を話題にはしているが，じつは教師に聴いてほしいことや相談にのってほしいことがあって来ている場合もありうるからである。このように考えると，生徒からの問いかけに対して，その問いがどのような経緯で発せられたかということに注意を向け，その**問いの意図やその問いに込められた生徒の思いや希望をまず確認すること**が大事になるのである。そして，生徒がそのように的外れな問いかけをしていた場合には，それをきっかけとして，正しくその生徒の思いや考えにそった情報を収集する方法を教示し，再度，調べた結果ついて確認しにくるように宿題をだす形で，相談を継続することもできるのである。（相談の継続の意味については進路相談活動の項

(10)で詳述する。)

　このように，進路情報は進路指導のなかで非常に重要な位置を占めるからこそ，情報をどのように取り扱うのかということについて，進路指導にかかわるすべての教師がより慎重にならなくてはならないのである。

(9) 啓発的経験に関する活動――体験活動の進め方――

　現在は，「体験活動」という言葉でよばれている活動である。新学習指導要領（平成20年3月告示）で，明確にキャリア教育推進の方向性が打ち出され（高等学校学習指導要領 第1章 総則 第5款の「5 教育課程の実施等に当たって配慮すべき事項」の(4)：第1章の表1-3参照），各学校におけるキャリア教育への取組みがよりいっそう進むなかで，学校教育の場での体験活動の重みはかつてないほど増している。体験活動とは，職場体験，インターンシップをはじめとして，企業見学や社会人・職業人講話，社会人インタビュー，大学等の上級学校の見学，聴講および大学等からの出前授業，図書館や美術館，博物館での調査研究活動，福祉施設や幼稚園・保育所等でのボランティア体験などの活動である。その目的としては，勤労の尊さや創造することの喜びの体得，望ましい勤労観や職業観の育成，職業や仕事の可能性や適性の理解，自己有用感の獲得，学ぶことの意義の理解と学習意欲の向上などがあげられ，さまざまな教育効果が期待される活動である。なかでも中学校における職場体験，高等学校におけるインターンシップなど，実際に職場で働く体験をする活動に関しては，将来の職業世界に対する現実的な理解を深め，自分と社会とのつながりを認識できるようになる契機として重視され，文部科学省は，全中学校で5日間の職場体験の実施を求め，高校においても同様の活動が求められている（コラム2）。

　こうした体験活動は，事前・事後の十分な指導があってはじめて目標とする教育効果が得られるものである。特に，担任はこの事前・事後の指導において大きな役割を果たすことになるが，ここでは，担任と生徒との個別的なかかわり場面に焦点をあてて，その役割を考えてみたい。

　まず第一に，すべての生徒が教師の望むように，この活動の意義を即座に理解し前向きに取り組むとは限らず，担任として個々の生徒と根気強くかかわりながらその意義を十分に理解させることがとても重要な役割となるであ

―〈コラム２〉 インターンシップの進め方――――――――――――――――

「インターンシップ」って何だろう？
☆誇りをもち一生をかけて働く人と働く経験をとおして，アルバイトでは体験できない仕事の世界を知り，仕事の厳しさや喜びを体験することができるはずです。
☆お金目当てではなく，純粋に働くことの意味や仕事について考えたり，職業に関する興味・関心や能力・適性などについて，自己理解が深まるチャンスです。
　→「自分を知る，社会を知る，自分と社会の接点を知る！」… こんな効果が期待されます。

でも，どうやって進めればいいの？
☆インターンシップ先を開拓してみましょう！教師自身が社会にふれるよいチャンスでもあります。
　＊ハローワークにまず相談！　インターンシップを受け入れている事業所のリストがあります！
　＊また，地域の商工会議所等，経済団体あるいはロータリークラブへのアプローチも大切です。
　　　◆注意点：地域の中学校なども受け入れているので，時期などの調整が円滑に進むように関係する機関，学校などと連絡をとり合いながら，早期から計画をすることが大事！
　＊こんなやり方もある！：セルフプロデュース型インターンシップ
　体験先の開拓，連絡交渉などすべてを生徒が行う！　大きな自己責任をともなうがオリジナルな体験が可能！　まさに社会との接点をもつことになる！
　　　◆注意点：選んだ体験先がふさわしい場所か，保護者を含めて吟味する必要はある！
☆教育課程に適切に位置づけましょう。
　＊考えられるパターン　①各教科・科目あるいは「産業社会と人間」等で実施
　　　　　　　　　　　　②特別活動で実施（学校行事など）
　　　　　　　　　　　　③総合的な学習の時間で実施（まとめどり）
　　　　　　　　　　　　④学外の活動への単位認定という形での実施
　　　◆注意点：地域や生徒の実態にあわせ，何を狙ってどのくらいの期間で実施するのかを明確にしたうえで学校全体で取り組む教育活動という位置づけで実施することが大事です！

インターンシップ　イコール　キャリア教育？
☆インターンシップは，あくまでも高校３年間を通じたキャリア教育の一通過点！
　＊それを一つの柱にしつつ，３年間のなかで，事前指導，直前指導，直後指導，事後指導を積み上げていくことが大事です。
　　◇事前指導：レディネステスト，職業調べ，人はなぜ働くの，人生の先輩に聞こう，など。
　　　該当学年での指導（参加目的の確認，体験先・体験内容の調査，社会人としての挨拶，マナー等の確認など。）
　　◇事後指導：体験の振り返り感想文，体験発表会の実施，一人ひとりの体験の意味づけを行うために生徒とのキャリア・カウンセリングの実施，など。

成功するインターンシップはここが違う！
☆その場限りのイベントにしない計画性と連続性！！　インターンシップをとことん使いまわす！
　＊体験先での業務内容と学校での学習・活動等を関連づける。（職業能力の確認）
　＊職業観や勤労観の変化，自己の内面の変化等に留意した事後指導の充実。
　　　　　　　　　　　　　　　　↓
　インターンシップを経験することによる変化を，その後の学校生活や将来設計に生かそうとする発想をもって計画をすることが大事です！

ろう。また、体験をする職場やその仕事内容などについての情報を収集し、職業や働くことについての理解を深め、意識を高めることも大きな目的であり、進路情報にかかわる活動でも述べたように、生徒が自らそのような情報を得られるよう援助し、ともに探索しつつ理解を促すことも必要となる。さらに、生徒の体験先事業所との連絡調整などの役割も担う場合があり、担任自身にも社会人としての常識や地域社会との円滑な連携を維持する力が欠かせない。

　加えて、事後の個別的なかかわりは非常に重要な役割となる。体験をとおして生徒たちが感じ、考え、気づいたことをしっかりと自身のなかに内在化させ自らのものとするためには、教師が生徒のなかに起きた変化を明確にし、肯定的にとらえる働きかけが不可欠だからである。そのようなプロセスを経てはじめて、生徒は自分にとっての体験の意味を自らの将来と深く関係づけて理解することができるようになる。もちろん、それは、生徒との直接

〈コラム3〉　以下の課題に取り組んでみましょう

　消防士へのインタビューをした生徒の感想文を読み、「先生は自分の思いをわかってくれた」と生徒に思ってもらえるようなコメントを考えてみましょう。

☆生徒の感想文☆
　「今回の職業インタビューの中でも、一番心にしみたのは、『命』ということでした。消防士さんたちが、『息も心臓も止まっている人は助かりにくいんだよ。本当のことを言うと、ほとんどの人が助からない場合が多いな。やっぱりそれが一番つらいんだよ。でも、助かって元気になった姿を見せてくれて『ありがとう』という言葉を聞いたときが一番嬉しいな。』と話して下さった時、本当に人の命に毎日向き合っているんだなっておもって、もし自分が消防士の立場だったら、どうなってしまうんだろうと考えました。」

◇コメント例：生徒の言葉に下線をひいてコメントした例です。◇
　①一番心にしみたのは
　　コメント例：「心にしみるくらい自分のこととして受けとめたのですね。」
　②本当に人の命に毎日向き合っているんだなっておもって、もし自分が消防士の立場だったら、どうなってしまうんだろうと考えました。
　　コメント例：「自分だったらどうなるかわからないほど、重い役割をもった仕事だと感じたんだね。」

的な対話のみならず，生徒の感想文へのコメントや体験発表会などの準備の中で行うこともできるであろう（コラム3参照）。

　体験活動に限らず，担任の姿勢や意気込みが生徒のその活動への取組み方を大きく左右する。この体験活動の実施は，教師にとって非常に大変な仕事で負担は大きいが，それが生徒たちにとって非常に意義深く，成長・変化の期待できる活動であるからこそ，まず，**担任自身が肯定的な姿勢で積極的に取り組むこと**が望まれるのである。

(10) 進路相談活動

　担任教師が行う進路指導の中核ともいえるものが，この進路相談の活動である。進路相談というと，卒業時の進路先決定の指導が想起されやすいが，進路指導が生徒の入学時からの継続的，計画的な指導であることから考えると，進路相談も，生徒の入学とともにはじまる活動だといえるだろう。たとえば，先述したような進路希望調査の結果について生徒と面談することも，定期面談等において将来の希望や夢について生徒の話を聞くことも，さらには，生徒の興味・関心や進路希望と密接に関連する科目選択にかかわる相談も，まさしく進路相談の機会と認識されるべきものである。生徒たちは，このような場面で将来への夢や希望と同時に不安や迷い，悩みを表明することが多い。そのような非常に個別的な不安や悩み，迷いを十分に受け止め理解しながら，将来の進路選択に対して生徒たちが主体的に取り組み，よりよい意思決定をしていくことができるように援助することが担任としての進路相談の目標となるであろう。クラスの全生徒と，入学から卒業までのスパンで進路の方向性をともに見定めていくかかわりを継続できるのは，まさに担任教師ならではの特権であり，醍醐味であろう。

　また，こうした日常的な相談活動は，必ずしも椅子に座り面談形式で行うことばかりではない。掃除の時間や，廊下でのちょっとした立ち話など，あらゆる機会をとらえて実施することが可能なものである。こうしたかかわりを入学時から積み重ねることが，生徒との相談関係を構築するうえで欠かせないものであることを忘れてはならない。

　以下に，このような進路相談を行う場合に留意しておきたい点を例示する。

①担任教師は，日常的な生徒とのかかわりや観察をとおして生徒の話を聴くまえから，その生徒に対するイメージをつくり上げている場合が多いので，そのような**先入観にとらわれずに生徒と接し**，つねに新たな気持ちで話を聞くことを心がける。思春期の生徒たちはつねに変化しており，話を聴いてみないと，その生徒の今はわからないからである。

②進路相談ということを意識しすぎると，進路先の決め方やその進路を実現するために何をなすべきかなど「方法論」や「べき論」といった事柄に終始してしまいがちになるが，そのような進路について考えたり悩んだりしている生徒自身の生き方など，**生徒の人としての存在全体に興味をもつこと**を忘れてはならない。生徒の今の思いからかけ離れたところで話を進めてしまうことになるからである。

③中学生や高校生の時期は非常に変化の激しい時期であり，日々のちょっとしたことに影響を受けてその考えや希望が変化する。だからこそ，相談活動，特に進路相談では，**次の相談につなげる関係を構築する**ことが非常に重要である。「今度はこんなことも考えてきてみて」と小さな宿題をだすなどして，次に話す機会（いつ，どんなタイミングで）を明確にすることも大事である。60分の相談を年に1回行うよりは，10分の相談を6回行えるほうがよいといわれるのはそのためである。

④生徒が自分の思いや考えを明確にし意識化できるように，彼らの発言に対して，適切な言葉でフィードバックすることを心がけたい。進路相談の場は，そのような**フィードバックにより，生徒の自己理解を促す場**でもあることを認識しておきたい。

⑤**助言や情報提供は，生徒にとって適切な時期に適切な言葉や資料で行う**ことを心がける。あくまでも，生徒たちが自らの意思と責任で進路を選択することができるための援助であるということを忘れず，まずはその生徒が何を思い，考え，悩んでいるかをじっくり聴いて理解しようとし，その生徒にとって今必要なことが何かということを的確に判断したうえで，必要ならば助言なり情報提供を行うようにしたい。生徒は，何となくのイメージや場合によっては誤った情報に基づいて進路先を考えていることも多く，自分がどのような情報を必要としているかさえ明確にできていない場合もあるからである。

⑥どのような相談にもあてはまる言葉であるが,「急がば回れ」「理解なくして指導なし」の二つを肝に銘じつつ生徒との相談に向かいたいものである。

(11) 進路先選択・決定への援助活動

従来の進路指導について吉田辰雄は,

> 従来,ややもすると,進路指導において,学力レベルの情報を中心に(中略)上級学校進学情報や企業等の就職情報など進路情報の収集・提供を主体として,<u>いわば教師主導型の指導に偏っていたきらいがある。</u>
> (吉田,1996,pp.12-13:下線は筆者)

と述べ,進路決定時の指導の転換を求めている。しかし,繰り返し述べてきたように,そのような反省がなされる一方で,いまでも進路指導といえば,進路先決定時点で行われる**教師主導の指導のことだ**との理解は根強く残っている。自分の志望を伝えると「何でそんなところを受けるんだ。おまえの実力だったらこの大学がいい。ここを受けなさい!」とさんざんに教師に言われ,強引に志望校の変更をさせられたというような例はよく耳にする。このような指導の結果,「進学あるいは就職した先で,その生徒が自分の能力,適性,興味などとの不一致を抱いて不適応を起こしたとしたら」と考えるだけでそら恐ろしくなる。もちろん,そのような教師の指導が奏功し進路先に適応して充実した生活を送ることもあるであろうし,逆に自分の希望を貫いたとしても,うまくいく保障があるわけでもない。大事なのは,生徒自身が十分考えた末に自らの意思と責任で選択,決定したという実感を抱いてその進路を歩み出せるかということではないだろうか。そして,その思いがあれば,踏み出した先で出会うさまざまな出来事をも受け容れながら,それに立ち向かっていくこともできるであろう。進路の決定者は,ほかのだれでもない,その進路を歩もうとする生徒自身であるということを,まず担任教師として肝に銘じておきたいものである。

それでは,卒業年次の進路決定にあたって担任は生徒に対して,どのようなかかわりをすればよいのであろうか。段階を追って考えてみよう。

①自分の志望をはっきりさせる段階： 卒業年次を向かえると同時に，生徒たちには，いろいろな方面から自分の志望を明確にせよという有形無形のプレッシャーがかかりはじめる。周囲の手前，直接は表現しないがそのような焦りや不安を抱きがちであることをまず認識する必要がある。生徒たちは「決まっていないこと」に自責感を抱きやすく，そこから抜け出すためにも早く決めてしまおうとすることも少なくない。だからこそ，この時期には，「決めることはもちろん大事だが，答えを急ぐあまり，考えることを放棄して安易な結論をだすことよりも，むしろ今，最後のチャンスとして，じっくりと考えることのほうが大事である」というメッセージを発していく。特に，まだ何も決まっていないという生徒には，
・自分が好きなこと，興味があることを思いつく限りあげる，
・自分が得意なこと，得意な教科・科目をあげる，
・それとつながる仕事や学問分野などをあげてみる，
・それらの仕事や学問領域について調べてみる，
等の基本的は作業を，面談のなかで一緒に行ったり，宿題として調べさせたうえで，再度，面談したりしながら落ち着いて方向性を決める姿勢を示していくことが必要になる。前項でも指摘したとおり，「急がば回れ」である。

②具体的な受験先（学校，企業等）を決める段階： 生徒たちは自分の志望が明確になると，いよいよ具体的な進路先（進学先や就職先）を決めていく。自分で決めてくる生徒もいれば，どこがふさわしいかを問うてくる生徒もいる。自分で決めてくる生徒の場合にも，非常に強い思い込みで（いわば一目惚れのように）その進路先を選んでくる生徒もいれば，たまたま目にしたところを非常に安易に選んでくる生徒もおり，どうして，そこを選び，そこで何をやりたいのか，そこに進んで将来どう生きていこうとしているのかなど，基本的なことを確認しながら，生徒が自分の選択を冷静に振り返れるようにすることが必要となる。その際には，**頭ごなしに生徒が選んできた選択肢を否定することだけは避けたい**ものである。そのうえで，必要に応じて他の選択肢を提示し，比較検討する際の視点を確認しながら，たとえば，比較対照表をつくるなどして，自分の選択の可否を冷静に判断できるように援助したい。また，選択肢を見いだせずそれ自体を問うてくる生徒の場合に

は，それを探す方法を提示しながら，実際に一緒に探してみるところからはじめるとよいかもしれない。一度方法を知ることで，自分のなかの選択肢が広がり，比較検討する視点などについても意識をしはじめるであろう。このようなプロセスは単に進路先を決めることのみをめざすものではなく，将来的にさまざまな意思決定場面でそれを生かせるようになることも視野に入れている。このような選択決定のスキルの習得ということも生徒に意識させるようにしたい。

③受験に向けての指導： 就職試験はもちろんのこと，近年の大学・短大・専門学校では，AO・推薦入試による定員の割合が非常に高く，その分，履歴書，小論文や志望理由書，さらに自己PR文，面接など個別的な指導を要する受験方法が非常に多くなってきており，担任としても，これらの指導にかかわることが非常に多くなる。しかし，これはむしろ生徒たちになぜその会社に就職するのか，なぜ進学するのか，そして将来どう生きたいのかをしっかり考えさせるチャンスにもなっていることを認識し，学校全体でサポート体制を組みつつ，個々の生徒に向かっていくことが，とても重要になる。

④受験結果がでた段階： 進路先決定は必ずしも希望がかなうとは限らない。不合格になった生徒のサポートほど難しいものはない。現実は，次に向けてすぐ切り替えることを求めるが，本人の気持ちはそれに応えられないことが多い。だからこそ，まずは本人の悲しさ，悔しさ，焦りや不安などの感情を受けとめることに集中することである。そのプロセスを十分に踏まずに先を急いでも，本人がそれについてこれず，だいたいそのような指導は空振りに終わることが多い。また，失敗の機会は本人の自己理解が進むチャンスでもあることを認識し，丁寧に本人の気持ちを聴くこと，そして自己理解を深めるフィードバックを心がけることが大事であろう。

「進路決定は最良の妥協を図る過程」ともいえる。自分が「望むこと」と自分に「達成できること」との間には，何かしらギャップが存在する場合が多いからである。したがって，進路決定の援助のプロセスには，生徒が納得

できる形で，その両者を一致させる道を見いだせるように，生徒が「自己理解」を明確にしつつ，これまでのさまざまな「体験」なども踏まえながら，「進路情報」を整理して「進路決定」できるよう援助する「進路相談」活動が不可欠になる。つまり，この進路先選択・決定のプロセスには，ここまで述べてきたすべての活動の要素が含まれるとともに，3年間積み重ねた「生徒理解の活動」「進路情報に関する活動」「啓発的体験の活動」「進路相談の活動」の成果が集約される過程ともいえ，まさにここまでの進路指導の成果の「刈り取りのとき」なのである。

(12) 追指導に関する活動

　5-4節(1)の定義にあるように，進路指導の究極的な目標は「**卒業後の生活によりよく適応し，社会的職業的自己実現を達成していく**」とされ，進路指導は生徒が卒業したことで終わる指導ではないことが明示されている。しかし，実際には，卒業した生徒全員をフォローすることは容易ではない。卒業生全員を対象として，往復葉書等で卒業後の状況を尋ねる調査を行う方法もあるが，それとても，高い回収率を期待することは難しく，実際にこちらからアプローチする追指導には限界があるのは事実である。送り出す学校のほうも教師の人事異動の間隔が非常に短くなっていることもあり，教師と卒業生の関係が構築しにくい現状もあり，学校が卒業生の動向を的確に把握することは非常に困難な状況である。現実的に考えられるのは，進路先で悩んだ卒業生自身が，母校の教師を頼って相談に来ることや，生徒が開く同窓会などで，卒業後の状況について情報を集めることくらいであろうか。いずれにしても，在学中の生徒と教師の関係性が，それを成り立たせる前提条件となる。在学中に生徒との信頼関係が構築されている教師のもとには，多くの卒業生が訪ねてくるのである。

　その意味で担任としてできることは，在学中の生徒との間に深い信頼関係を構築するように努めることである。そして，生徒たちが，いつでも教師に連絡がとれるようなネットワークをつくったうえで卒業の日を迎えられるような準備をしておくことが追指導の第一歩だといえよう。

5-6　進路指導の計画

　以上述べてきたような活動を，どのような時期の，どのような時間帯で実施するのかということについて，教師のだれもが3年間を見通した内容を知り得るような全体計画の策定が必要になる。学校によって，その計画の内容や立案の仕方はさまざまであるが，担任教師として大まかな枠組みをイメージしておくことは重要である。以下に簡単な計画例（次頁の表5-1）を示したので，オリジナルな計画を立案してみていただきたい（なお，第3章の3-8節の図3-7の年間指導計画例も参照）。

　もし，学校としてこのような計画立案を行うシステムができていないときには，せめて学年の担任の先生方に相談して，少なくとも学年全体として取り組めるように工夫をすることが大事である。生徒にとっても自分の仲間の多くが同じような体験をし，それを互いにシェアできることはとても貴重な機会となるからである。いろいろな経験のある先生方が情報を提供しあいながら指導を進められることによって生徒への指導の幅も広がるであろう。

5-7　キャリア・カウンセリングの能力

　最後に，キャリア・カウンセリングという言葉について述べよう。筆者自身，担任教師として多くの生徒の不登校に悩み，教育相談，カウンセリングを学びはじめた。そのときには，カウンセリングは進路指導などとはまったく結びつかない，生徒の不適応や心理的な問題だけを扱うものと考えていた。しかし，カウンセリングを学ぶうちに，それが，もともとは職業指導など進路（キャリア）と深くかかわるものであること知り，進路指導の分野でのカウンセリング，すなわちキャリア・カウンセリングへのかかわりを深めるようになったのである。

　　　進路選択や決定というと，「何かを選び決めること」という一時点の出来事ととらえがちですが，カウンセリングでは，行動の連鎖としての選択と決定に注目して「一連の心理的過程」ととらえます。ですから選択の結果ではなく，選択の主体者に注目し，その人の心理的葛藤の過程を援助することが重視されます。（松本，2004，p.79）

表5-1

学年	時期	LHR	総合的な学習の時間	進路指導の6つの活動領域	進路指導の活動 目的・留意点など
一学年	4月	進路ガイダンス		進路情報	これから3年間のなかで考えなくてはいけないことなどを提示し目標をもって生活できるように指導する。
		進路希望調査		生徒理解	入学当初の調査なので、これまでの進路希望の遍歴を振り返りながらいまの希望を書けるように事前に指導する。
		定期個人面談		生徒理解・進路相談	担任と生徒の関係づくりが主眼であるが、進路希望のことについて本人の口から語ってもらえるとより理解が深まる。
	5月		職業レディネステスト・職業調べ学習・発表会・職業人や先輩の講話	生徒理解・進路情報／進路情報／進路情報／体験活動	職業についての興味を広げる機会としてとらえ、これによって自分の進路が決められるわけではないということを伝える。／人は知らないものは選べないというメッセージを発しながら、職業の世界を知る。／職業世界で働くということの意味を知る機会として、働くことへの積極的な姿勢を養う。
	7月		夏季休業活動発表会	体験活動	ボランティア活動やインターンシップ、上級学校訪問などのメニューを提示して生活選択のための計画をたてる。
	9月		夏季体験活動発表会	体験活動・進路情報	発表のためのプレゼンテーションのスキルなどについての指導を含む計画をたてる。
	10月	科目・コース選択、進路希望調査	進路ガイダンス	生徒理解・進路情報／生徒理解・進路相談	就職、進学などさまざまな進路に進むことの意味を理解し、科目・コース選択にあたってどのような進路意識をもって選択を行うかを明確にする。／進路相談としての意識をもつ。
	11月	定期個人面談	職業インタビュー	体験活動・進路情報	自分自身で訪問先にアプローチし、社会と実際にかかわることも体験させ、社会人・職業人のあり方を直に感じさせる。
	12月		職業インタビュー発表会	体験活動・進路情報	働くことの意味やそれぞれの職業の特色などについて個人の体験を学年全体で共有することを目標にする。
	3月	進路ガイダンス		進路情報	次年度に向けての心構えをするときとし、新学年を目標をもって迎えられるように指導する。
二学年	4月	進路ガイダンス		進路情報	2年生として考えるべきときをもとし、昨年度を振り返ったことをもとに主眼とし、進路決定に向けての流れを振り返りながらいま現在の生徒の希望を書けるように指導する。
		進路希望調査		生徒理解	学年当初の調査なので、学年当初の事前に指導する。
		定期個人面談		生徒理解・進路相談	新担任としてまた生徒としてともに心がける。
	5月		職業人講演会	進路情報	職業世界についての視野を広げ、社会人として生きていくことの意義を意識する機会にする。
	6月		上級学校模擬授業	進路情報	進路選択を社会とむすびつける。学年の結びつきを意識しながら、上級学校で展開される学問の世界にふれ、進学に向けての目的意識を高める。

学年	月	活動	研究活動発表会	体験活動	内容
二学年	7月	夏季体験活動			ボランティア活動やインターンシップ、上級学校訪問などのメニューを提示して選択させ活動する。
	10月	科目・コース選択 進路希望調査 定期個人面談	進路ガイダンス	進路情報 生徒理解	翌年に卒業年次を控え、より具体的に進路の方向を考えるための契機とする。科目選択をどのような進路を考えて行っているかや、焦りや不安のある生徒の状態を把握することで、生徒が自分の方向性をみつけていけるように決めることを意識がけずに、生徒の希望を意識する。
	11月		研究活動	生徒理解 進路相談	自分の将来につなげるという視点から、自分の興味・関心をより明確にし、その分野についてより理解が深められるような研究に取り組む。
	3月			進路情報 生徒理解	いよいよ卒業年次を迎える心構えをもち、これからの1年の流れを理解し計画的に過ごせるよう指導援助を行う。
三学年	4月	進路ガイダンス		進路理解	3年生として進路決定に至るための道筋を理解させる。納得のいく進路決定に至るための考え方を伝え、進路決定に向けたより具体的な回答を求めるのに悩み、迷いを長期する。
	5月	進路希望調査		生徒理解	進路決定を迫られ、何かしらの焦りや不安を感じる時期だからこそ、まずはその思いを理解することからはじめたい。
	6月	定期個人面談		進路理解 進路相談	進路先や就職先選定のために、実際に上級学校や企業の参加を促し、現実にふれる形で実施し、現実にふれる機会とする。
	7月	進路ガイダンス		生徒理解 進路相談	進路問題に関しては、本人の思いや方向性が強く反映される場合が多いが、親の意向が強く反映される場合もしばしば起こる。その際には、両者の思いを理解し合える場を持つことにはしばしば起こる。保護者の両者に対して、納得のできる進路選択ができるよう支援することになる。求人の受験できる会社が絞られてくる時期に行うことで、受験する会社を選定し、見学に行かせる（原則）。職場見学に行うことにはしばしば起こる。また、挨拶時期がはじまることから、模擬面接を行い、試験に対する心構えを伝えておきたい。大学、短大、専門学校の受験指導、自己PR（志望理由書、履歴書、願書の作成）についても指導が行われる。
	8月	三者面談および ガイダンス・ 個別指導			夏休み期間においては、生徒を心身かしで焦りや不安の思いを理解し、サポートをすることを心がけたい。このような指導が、生徒を前向きにさせる大切である。
	9月		研究活動発表会	生徒理解 体験活動	研究活動の成果を発表し、それを上級学校入試に活用することを意識する。就職希望者は就職試験がはじまり、受験対策の指導などが行われる。個別的なかかわりを計画的に行うことが重要である。
	10月	ガイダンス・ 個人面談		生徒理解、進路相談、進路先 選択・決定のこの時間すべての生徒がこの間にかかわらないといってよい。	進路決定に向けて、さまざまな活動を行う。 1 推薦／AO入試対象の面接指導（小論文、面接、志望理由書、自己PRなど） 2 進学希望者の補習、講習など 3 進学希望者の受験決定指導など
	11月	ガイダンス・ 個人面談			
	12月	ガイダンス・ 個人面談			
	1月	ガイダンス・ 個人面談			
	2月	個人面談			受験結果を踏まえての相談活動および進学・就職先への適応支援の指導など

また

> 上級学校進学情報や企業等の就職情報など進路情報の収集・提供を主体として，いわば教師主導型の指導に偏っていたきらいがある。そこでこうした配置指導型の進学，就職指導への反省が今日，中学校を始めとする教育界，産業界で成されている。<u>すなわち，教師主導ではなく，カウンセリングの面接過程を導入しキャリア・カウンセリングを重視した方向への転換が求められているのである。</u>（吉田，1996，pp. 12-13：下線は筆者）

などとあるように，生徒が進路を決めていくすべてのプロセスは非常に心理的な要素にかかわるものであり，進路指導，特に進路相談の場面においては，カウンセリングの能力が求められるということなのである。

とはいえ，教師はカウンセリングの専門家ではないので，教師として学べる範囲で，カウンセリングに必要な態度やスキルを学んで身につけることが求められているといえるであろう。たとえば，以下のようなことが考えられる。まず何よりもクライエント（学校の場合は生徒）とカウンセラー（同様に教師）の間に暖かい人間関係が築けているかということである。生徒が安心して自分の表現したいことを表現し，そのなかで自分の問題を吟味し自分で意思決定するのを許す雰囲気があるかということである。いい換えれば，教師が自分の思考の枠組みで生徒を理解しようとしたり自分の評価や考えを押しつけずに，まずは生徒の枠組みで理解しようとすることが行われる時間ということになるであろう。

具体的には，生徒の発言に対して，すぐに自分の考えや一般的な考え方を伝えたり，情報提供に走ったりするのではなく，まずは生徒の発言を聴いて理解できたことを伝え，生徒の言いたいことを正しく理解できているかを確認しながら話を進めていくことである。進路のことに関して悩んだり迷ったり，あるいは，方向性がはっきりみえないでいる生徒が発する言葉はえてして断片的でまとまらず，それを聴く教師からするとじれったく思えることも多いが，その言葉からわかることを確認したり，もう少し詳しく話してもらえるような質問をしたりして，とにかく生徒の思いを理解しようとする姿勢が大事である。そのなかで，彼らの言いたいこと，伝えたい思いを明確にしていくことによって，生徒の自己理解も深まり，よりよい進路決定への一歩

〈コラム4〉　キャリア・カウンセリングで気をつけたいこと

1. 目の前にいる生徒の姿や話し方に注意を向けること
2. 予期せぬ言葉や投げやりな態度にすぐ反応しないこと
3. 生徒の気持ちや話の内容の変化に気づくこと
4. 話し合いながら相談の目的を決めていくこと
5. 解決や対処法の提供を急がないこと
6. 教師主導で生徒の決定を引き出さないこと
7. 教師の信じる正しい指導をすぐさま行わないこと（正しすぎる意見をいわない）
8. 自分や他人の経験談を話さないこと

を踏み出すことができるであろう。

　こうして自分を理解してくれる教師と生徒の間には，継続的な相談関係が構築されることになる。生徒たちの進路希望は，世の中のさまざまなこと（たとえば昨日観たテレビ番組など）に影響されて，非常に変化しやすいものであり，そうやって彼らは，職業世界への関心を広げているので，その変化に付き合いながら，いつでも相談できる関係が構築されていることは，学校におけるキャリア・カウンセリングにおいてはとりわけ重要なことといえる。そして，そのような信頼関係をベースに，生徒の考えを十分理解してこそ，教師の情報提供や助言も意味をもつようになることは，先述したとおりである。まさに「理解なくして指導なし」なのである（コラム4参照）。

[本城慎二]

【引用・参考文献】
菊池武剋　編　『新教育心理学体系　進路指導』　中央法規出版　1993
菊池武剋　編著　『生徒理解の心理学』　福村出版　2002
菊池武剋　「生徒理解の方法」菊池武剋　編著　『生徒理解の心理学』　福村出版　2002, pp. 109-110
国立教育政策研究所　「職場体験・インターンシップに関する調査研究報告書」　2007
国立教育政策研究所　「進路指導のより効果的な取組についての調査研究協力者会議報告書」　2008
松本浩二　「進路決定者としての生徒」　渡辺三枝子・橋本幸晴・内田雅顕　編　『学校に生

かすカウンセリング』【第二版】 ナカニシヤ出版 2004, p. 79
文部科学省 「キャリア教育の推進に関する総合的調査研究協力者会議報告書」 2004
文部科学省 『中学校学習指導要領』（平成20年3月告示） 2008
文部科学省 『高等学校学習指導要領』（平成21年3月告示） 2009
文部省 『中学校・高等学校進路指導の手引――高等学校ホームルーム担任編』 ㈶日本進路指導協会 1983
文部省 『中学校・高等学校進路指導の手引――進路指導主事編』 ㈶日本進路指導協会 1977
日本進路指導学会 編 『キャリア・カウンセリング その基礎と技法，実際』 実務教育出版 1996
仙崎 武・野々村 新・渡辺三枝子・菊池武剋 編 『入門進路指導・相談』 福村出版 2000
渡辺三枝子・橋本幸晴・内田雅顕 編 『学校に生かすカウンセリング』【第二版】 ナカニシヤ出版 2004
吉田辰雄 「キャリア・カウンセリングの果たす役割」 ㈶日本進路指導協会 編 『キャリア・カウンセリング その基礎と技法，実際』 実務教育出版 1996, pp. 12-13

第6章

進路指導からキャリア教育へ

　「キャリア教育」についてはもともとアメリカからその概念が形成されてきているが（第2章の2-1節(3) 参照），この最終章では，日本における「キャリア教育」について，その背景や教育基本法が60年ぶりに改正されたことなどを含め，最近の教育動向との関係に重きをおきながら取り上げていく。さらに2011（平成23）年1月31日にだされた中央教育審議会答申「今後の学校におけるキャリア教育・職業教育の在り方について」において，新たなキャリア教育の定義が示されたことなどを踏まえて，今後のキャリア教育の推進について述べていく。

　また，従来から行われてきた進路指導とキャリア教育との違いを明らかにすることで，両者への理解をさらに深めていくとともに，進路指導の重要性をおさえつつ，キャリア教育の新しい動きへの対応と，これからの教員の在り方についても理解を深めていただきたい。

6-1 キャリア教育とは

(1) キャリア教育の背景と必要性

　近年, 文部科学省関係で「キャリア教育」という言葉が使われたのは, 1984 (昭和 59) 年 9 月 文部省「中学校・高等学校進路指導の手引 第 15 集 体験的・探索的な学習を重視した進路指導―啓発的経験編―」であり, そのなかでキャリア教育については次のように記されている。

> キャリア教育は, すべての児童・生徒に対し, 知的教科と職業的教科を統合的に指導し, かれらが学校卒業後, 自分にとって最もふさわしい進路を選択し, 将来の職業生活の中で十分に自己実現ができるように, 必要な知識・技能・態度・価値観を育成, 訓練しようとするものである。(文部省, 1984, p. 150)

このなかでキャリア教育については,「すべての児童・生徒」に対して「知的教科と職業的教科を統合的に指導し」と, すでに 1984 (昭和 59) 年から現在のキャリア教育と同じ方向性が示されていたのだが, 残念ながら学校教育においては全国的に広まることはなかった。その後, 文部科学行政関連の審議会報告書等で初めてキャリア教育についてふれられたのは 1999 (平成 11) 年 12 月, 中央教育審議会答申「初等中等教育と高等教育との接続の改善について」で, いわゆる「接続答申」といわれており, 以下のように記されている。

> 学校と社会及び学校間の円滑な接続を図るためのキャリア教育 (望ましい職業観・勤労観及び職業に関する知識や技能を身に付けさせるとともに, 自己の個性を理解し, 主体的に進路を選択する能力・態度を育てる教育) を小学校段階から発達段階に応じて実施する必要がある。(中央教育審議会, 1999)

　当時, フリーター志向の広がりや新規学卒者の就職後 3 年以内の離職についてが問題視され, 学校教育と職業生活との接続に対する課題が指摘されていたが, この答申で特に注目すべき点は, キャリア教育について小学校からその必要性を説き, 小学校, 中学校, 高等学校等の学校間, および学校と社会の円滑な接続を図る観点から広く教育の改善を促している点にある。進路指導というと中学校からといわれるが, 小学校段階から児童生徒の生き方

を考えさせるキャリア教育の推進が叫ばれてきたわけである。

　その後，2004（平成16）年1月28日，「キャリア教育の推進に関する総合的調査研究協力者会議（報告書）～児童生徒一人一人の勤労観，職業観を育てるために～」（以後「キャリア教育報告書」と称する）が文部科学省からだされ，そのなかで，若者をとりまく社会環境の課題と，若者自身が抱えている資質・能力の課題との二つの側面が指摘され，さらには，子どもたちをとりまく環境の変化にともなって，子どもたちの生活や意識の変容にどう学校教育がかかわっていくのかが検討され，キャリア教育の必要性が説かれ

図6-1　キャリア教育の必要性（文部科学省，2006）

学校から社会への移行をめぐる課題

①就職・就業をめぐる環境の激変
・新規学卒者に対する求人状況の変動
・求職希望と求人希望との不適合の拡大
・雇用システムの変化

②若者自身の資質等をめぐる課題
・勤労観，職業観の未熟さ
・社会人・職業人としての基礎的資質・能力が未成熟
・社会の一員としての意識の希薄さ

子どもたちの生活・意識の変容

①子どもたちの成長・発達上の課題
・身体的な早熟傾向に比して，精神的・社会的自立が遅れる傾向
・働くことや生きることへの関心，意欲の低下

②高学歴社会におけるモラトリアム傾向
・職業について考えることや，職業の選択・決定を先送りにするモラトリアム傾向の高まり
・進路意識や目的意識が希薄なまま，進学・就職する者の増加

学校教育に求められている課題
「生きる力の育成」
——確かな学力，豊かな人間性，健康・体力——

社会人・職業人として自立した社会の形成者の育成の観点から
・学校の学習と社会とを関連付けた教育
・生涯にわたって学び続ける意欲
・社会人・職業人としての基礎的な資質・能力
・自然体験，社会体験等の充実
・発達に応じた指導の継続性
・家庭・地域と連携した教育

キャリア教育の推進

・望ましい勤労観，職業観の育成
・小・中・高を通じた組織的・系統的な取組
・一人一人の発達に応じた指導
・職場体験・インターンシップ等の充実

た。これらの動きは，ともに日本が経済発展とともに抱えてきた雇用形態の変化等にかかわって，若者の勤労観・職業観の未熟さや学校から社会への移行をめぐるさまざまな課題の解決が求められていたからでもある。参考に，2006（平成18）年11月，文部科学省「小学校・中学校・高等学校 キャリア教育推進の手引」から図6-1を載せておく。

（2）キャリアとキャリア教育

　キャリアという言葉について，広辞苑（第5版）では「（職業・生涯の）経歴」とあるが，先の「キャリア教育報告書」では，「キャリア」「キャリア教育」について次のように定義され，2004（平成16）年以降，その後，2011（平成23）年1月に再定義されるまで，小学校，中学校，高等学校の各学校教育においてはこの定義が広く用いられてきた（文部科学省，2004，p.7）。

> **キャリア：**　個々人が生涯にわたって遂行する様々な立場や役割の連鎖及びその過程における自己と働くこととの関係付けや価値付けの累積
> **キャリア教育：**　児童生徒一人一人のキャリア発達を支援し，それぞれにふさわしいキャリア形成をしていくために必要な意欲・態度や能力を育てる教育

　ここで，「キャリア」，および「キャリア教育」の理解を補うために，次の二つの点にふれておく。一点はキャリアの語源についてで，厚生労働省「『キャリア形成を支援する労働市場政策研究会』報告書」（平成14年7月）によると「キャリア」について次のように書かれている（厚生労働省，2002，p.2）。

> 　「キャリア」（career）は中世ラテン語の「車道」を起源とし，英語で，競馬場や競技場におけるコースやそのトラック（行路，足跡）を意味するものであった。そこから，人がたどる行路やその足跡，経歴，遍歴なども意味するようになり，このほか，特別な訓練を要する職業や生涯の仕事，職業上の出世や成功をも表すようになった。（中略）なお，遺伝子の保有者，伝染病の保菌者などを指す「キャリア」（carrier）は，運ぶ（carry）からの派生語であり，違う語源の単語である。

もう一点は，キャリア発達の過程についてで，スーパー（Super, D. E.）は，一人の人間が過去，現在，未来にわたる一生涯における役割の分化と統合の過程として，「ライフ・キャリアの虹」（図6-2）を示している。
　この「ライフ・キャリアの虹」を参考に，先ほどの「キャリア」の定義について学校教育の観点で具体的に考えてみると，次のようにいい表すことができるのではないだろうか。すなわち，一人の人間にとってある時期，家庭では子ども，あるいは家族の一員としての役割，地域では一市民としての役割，学校では児童生徒としての役割がある。さらに学校のなかでも班の活動，清掃当番，係や委員会活動等において役割があり，また班員，班長，正副委員長等を含めて，その時々によって役割の種類やその占める割合が異なってくる。それらを選んでいくことも含めて，役割を果たしていくなかで，自分と働くこと，学ぶことなどとの関係づけや価値づけをしていくこと，そして，その積み重ねがキャリアといえよう。したがって「キャリア」の定義で使われている「働くこと」とは，必ずしも職業に就くことだけに限定されているわけではなく，家事やボランティア活動，学校における係や委

図6-2　ライフ・キャリアの虹（文部省，1992, p.35より引用）

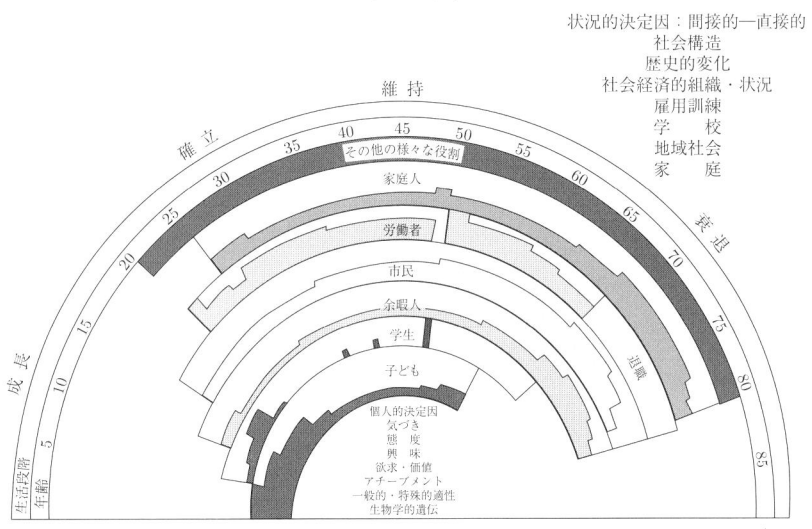

ある男性のライフ・キャリア　「22歳に大学を卒業し，すぐに就職。26歳で結婚して，27歳で1児の父親となる。47歳の時に1年間社外研修。57歳で両親を失い，67歳で退職。78歳の時妻を失い81歳で生涯を終えた。」　D.E.スーパーはこのようなライフ・キャリアを概念図化した。

表6-1 職業観・勤労観を育む学習プログラムの枠組み(例)——職業的(進路)発達にかかわる諸
（※　太字は、「職業観・勤労観の育成」との関連が特に強いものを示す。）

			小　　学　　校		
			低学年	中学年	高学年
職業的(進路)発達の段階			進路の探索・選択にかかる基盤形成の時期		
○職業的(進路)発達課題(小～高等学校段階) 各発達段階において達成しておくべき課題を、進路・職業の選択能力及び将来の職業人として必要な資質の形成という側面から捉えたもの。			・自己及び他者への積極的関心の形成・発展 ・身のまわりの仕事や環境への関心・意欲の向上 ・夢や希望、憧れる自己イメージの獲得 ・勤労を重んじ目標に向かって努力する態度の形成		
職業的(進路)発達にかかわる諸能力					職業的(進路)発達を促すために育成
領域	領域説明	能力説明			
人間関係形成能力	他者の個性を尊重し、自己の個性を発揮しながら、様々な人々とコミュニケーションを図り、協力・共同してものごとに取り組む。	【自他の理解能力】 自己理解を深め、他者の多様な個性を理解し、互いに認め合うことを大切にして行動していく能力	・自分の好きなことや嫌いなことを言う。 ・友達と仲良く遊び、助け合う。 ・お世話になった人などに感謝し親切にする。	・自分のよいところを見つける。 ・友達のよいところを認め、励まし合う。 ・自分の生活を支えている人に感謝する。	・自分の長所や欠点に気付き、自分らしさを発揮する。 ・話し合いなどに積極的に参加し、自分と異なる意見も理解しようとする。
		【コミュニケーション能力】 多様な集団・組織の中で、コミュニケーションや豊かな人間関係を築きながら、自己の成長を果たしていく能力	・あいさつや返事をする。 ・「ありがとう」や「ごめんなさい」を言う。 ・自分の考えをみんなの前で話す。	・自分の意見や気持ちをわかりやすく表現する。 ・友達の気持ちや考えを理解しようとする。 ・友達と協力して、学習や活動に取り組む。	・思いやりの気持ちを持って、相手の立場に立って考え行動しようとする。 ・異年齢集団の活動に進んで参加し、役割と責任を果たそうとする。
情報活用能力	学ぶこと・働くことの意義や役割及びその多様性を理解し、幅広く情報を活用して、自己の進路や生き方の選択に生かす。	【情報収集・探索能力】 進路や職業等に関する様々な情報を収集・探索するとともに、必要な情報を選択・活用し、自己の進路や生き方を考えていく能力	・身近で働く人々の様子が分かり、興味・関心を持つ。	・いろいろな職業や生き方があることが分かる。 ・分からないことを、図鑑などで調べたり、質問したりする。	・身近な産業・職業の様子やその変化が分かる。 ・自分に必要な情報を探す。 ・気付いたこと、分かったことや個人・グループでまとめたことを発表する。
		【職業理解能力】 様々な体験等を通して、学校で学ぶことと社会・職業生活との関連や、今しなければならないことなどを理解していく能力	・係や当番の活動に取り組み、それらの大切さが分かる。	・係や当番活動に積極的にかかわる。 ・働くことの楽しさが分かる。	・施設・職場見学等を通し、働くことの意義や苦労が分かる。 ・学んだり体験したりしたことと、生活や職業との関連を考える。
将来設計能力	夢や希望を持って将来の生き方や生活を考え、社会の現実を踏まえながら、前向きに自己の将来を設計する。	【役割把握・認識能力】 生活・仕事上の多様な役割や意義及びその関連等を理解し、自己の果たすべき役割等についての認識を深めていく能力	・家の手伝いや割り当てられた仕事・役割の必要性が分かる。	・互いの役割や役割分担の必要性が分かる。 ・日常の生活や学習と将来の生き方との関係に気付く。	・社会生活にはいろいろな役割があることやその大切さが分かる。 ・仕事における役割の関連性や変化に気付く。
		【計画実行能力】 目標とすべき将来の生き方や進路を考え、それを実現するための進路計画を立て、実際の選択行動等で実行していく能力	・作業の準備や片づけをする。 ・決められた時間やきまりを守ろうとする。	・将来の夢や希望を持つ。 ・計画づくりの必要性に気付き、作業の手順が分かる。 ・学習等の計画を立てる。	・将来のことを考える大切さが分かる。 ・憧れとする職業を持ち、今、しなければならないことを考える。
意思決定能力	自らの意志と責任でよりよい選択・決定を行うとともに、その過程での課題や葛藤に積極的に取り組み克服する。	【選択能力】 様々な選択肢について比較検討したり、葛藤を克服したりして、主体的に判断し、自らにふさわしい選択・決定を行っていく能力	・自分の好きなもの、大切なものを持つ。 ・学校でしてよいことと悪いことがあることが分かる。	・自分のやりたいこと、よいと思うことなどを考え、進んで取り組む。 ・してはいけないことが分かり、自制する。	・係活動などで自分のやりたい係、やれそうな係を選ぶ。 ・教師や保護者に自分の悩みや葛藤を話す。
		【課題解決能力】 意思決定に伴う責任を受け入れ、選択結果に適応するとともに、希望する進路の実現に向け、自ら課題を設定してその解決に取り組む能力	・自分のことは自分で行おうとする。	・自分の仕事に対して責任を感じ、最後までやり通そうとする。 ・自分の力で課題を解決しようと努力する。	・生活や学習上の課題を見つけ、自分の力で解決しようとする。 ・将来の夢や希望を持ち、実現を目指して努力しようとする。

能力の育成の視点から

(国立教育政策研究所生徒指導研究センター，2002，pp.47-48より)

中　学　校	高　等　学　校
現実的探索と暫定的選択の時期	現実的探索・試行と社会的移行準備の時期
・肯定的自己理解と自己有用感の獲得 ・興味・関心等に基づく職業観・勤労観の形成 ・進路計画の立案と暫定的選択 ・生き方や進路に関する現実的探索	・自己理解の深化と自己受容 ・選択基準としての職業観・勤労観の確立 ・将来設計の立案と社会的移行の準備 ・進路の現実吟味と試行的参加
することが期待される具体的な能力・態度	
・自分の良さや個性が分かり，他者の良さや感情を理解し，尊重する。 ・自分の言動が相手や他者に及ぼす影響が分かる。 ・自分の悩みを話せる人を持つ。	・自己の職業的な能力・適性を理解し，それを受け入れて伸ばそうとする。 ・他者の価値観や個性のユニークさを理解し，それを受け入れる。 ・互いに支え合い分かり合える友人を得る。
・他者に配慮しながら，積極的に人間関係を築こうとする。 ・人間関係の大切さを理解し，コミュニケーションスキルの基礎を習得する。 ・リーダーとフォロアーの立場を理解し，チームを組んで互いに支え合いながら仕事をする。 ・新しい環境や人間関係に適応する。	・自己の思いや意見を適切に伝え，他者の意志等を的確に理解する。 ・異年齢の人や異性等，多様な他者と，場に応じた適切なコミュニケーションを図る。 ・リーダー・フォロアーシップを発揮して，相手の能力を引き出し，チームワークを高める。 ・新しい環境や人間関係を生かす。
・産業・経済等の変化に伴う職業や仕事の変化のあらましを理解する。 ・上級学校・学科等の種類や特徴及び職業に求められる資格や学習歴の概略が分かる。 ・生き方や進路に関する情報を，様々なメディアを通して調査・収集・整理し活用する。 ・必要に応じ，獲得した情報に創意工夫を加え，提示，発表，発信する。	・卒業後の進路や職業・産業の動向について，多面的・多角的に情報を集め検討する。 ・就職後の学習の機会や上級学校卒業時の就職等に関する情報を探索する。 ・職業生活における権利・義務や責任及び職業に就く手続き・方法などが分かる。 ・調べたことなどを自分の考えを交え，各種メディアを通して発表・発信する。
・将来の職業生活との関連の中で，今の学習の必要性や大切さを理解する。 ・体験等を通して，勤労の意義や働く人々の様々な思いが分かる。 ・係・委員会活動や職場体験等で得たことを，以後の学習や選択に生かす。	・就業等の社会参加や上級学校での学習等に関する探索的・試行的活動に取り組む。 ・社会規範やマナー等の必要性や意義を体験を通して理解し，習得する。 ・多様な職業観・勤労観を理解し，職業・勤労に対する理解・認識を深める。
・自分の役割やその進め方，よりよい集団活動のための役割分担やその方法等が分かる。 ・日常の生活や学習と将来の生き方との関係を理解する。 ・様々な職業の社会的役割や意義を理解し，自己の生き方を考える。	・学校・社会において自分の果たすべき役割を自覚し，積極的に役割を果たす。 ・ライフステージに応じた個人的・社会的役割や責任を理解する。 ・将来設計に基づいて，今取り組むべき学習や活動を理解する。
・将来の夢や職業を思い描き，自分にふさわしい職業や仕事への関心・意欲を高める。 ・進路計画を立てる意義や方法を理解し，自分の目指すべき将来を暫定的に計画する。 ・将来の進路希望に基づいて当面の目標を立て，その達成に向けて努力する。	・生きがい・やりがいがあり自己を生かせる生き方や進路を現実的に考える。 ・職業についての総合的・現実的な理解に基づいて将来を設計し，進路計画を立案する。 ・将来設計，進路計画の見直し再検討を行い，その実現に取り組む。
・自己の個性や興味・関心等に基づいて，よりよい選択をしようとする。 ・選択の意味や判断・決定の過程，結果には責任が伴うことなどを理解する。 ・教師や保護者と相談しながら，当面の進路を選択し，その結果を受け入れる。	・選択の基準となる自分なりの価値観，職業観・勤労観を持つ。 ・多様な選択肢の中から，自己の意志と責任で当面の進路や学習を主体的に選択する。 ・進路希望を実現するための諸条件や課題を理解し，実現可能性について検討する。 ・選択結果を受容し，決定に伴う責任を果たす。
・学習や進路選択の過程を振り返り，次の選択場面に生かす。 ・よりよい生活や学習，進路や生き方等を目指して自ら課題を見出していくことの大切さを理解する。 ・課題に積極的に取り組み，主体的に解決していこうとする。	・将来設計，進路希望の実現を目指して，課題を設定し，その解決に取り組む。 ・自分を生かし役割を果たしていく上での様々な課題とその解決策について検討する。 ・理想と現実との葛藤経験等を通し，様々な困難を克服するスキルを身につける。

員会活動なども含めて，多様な活動が考えられる。すなわち，これら家庭生活，学校生活，職業生活，市民生活など，かかわるすべての活動のなかで経験していくところの「働くこと」と幅広くとらえていく必要がある。そしてこの「働くこと」をとおして，自分と「働くこと」とのかかわりを考えながら，人がたどるいろいろな立場や役割のなかで，ものの見方や考え方などの価値観や人生観を形づくっていくことが「キャリア」といえるのではないだろうか。そして，これらのことを繰り返しながら成長していくなかで，各自が「キャリア」を積み上げていくことになる。

さらに，先の「キャリア教育報告書」では，キャリア教育はキャリア発達を促すということで，2002（平成14）年11月にだされた国立教育政策研究所生徒指導研究センター「児童生徒の職業観・勤労観を育む教育の推進について（調査研究報告書）」で示された，「職業観・勤労観を育む学習プログラムの枠組み（例）―職業的（進路）発達にかかわる諸能力の育成の視点から」を引用し，これを各学校において小学校，中学校，高等学校を通す一貫したキャリア教育を推進する際の参考として提示した。この「枠組み（例）」は，キャリア発達課題を整理し，これからの時代，育むべきキャリア発達にかかわる諸能力の例として，「人間関係形成能力」「情報活用能力」「将来設計能力」「意思決定能力」と能力を4領域に分類し，それぞれにまた二つずつの能力として，「自他の理解能力」と「コミュニケーション能力」，「情報収集・探索能力」と「職業理解能力」，「役割把握・認識能力」と「計画実行能力」，「選択能力」と「課題解決能力」の8能力を設定したものである。そして，小学校，中学校，高等学校を通した一貫したキャリア発達のあり方を見すえて，その学習プログラムの例として示したものである（表6-1参照）。

これら8つの能力はあくまで例であるが，これらの諸能力と表中の説明等は現在の児童生徒の実態を把握するうえでも参考になろう。そして，これらの諸能力の発達を促す活動を行うことで，児童生徒一人ひとりのキャリア発達を支援していこうとするものである。すなわち，これらの発達課題を達成していくことで，子どもたち一人ひとりにキャリア形成が促され，キャリア発達がなされていくことをめざしている。そして，これらの能力を育成する方向で多くの学校がキャリア教育の実践的研究を行っていった。

一方，先の「キャリア教育報告書」では，キャリア教育について「端的に

は，児童生徒一人一人の勤労観，職業観を育てる教育」と説明されているが，このことが，単に職場体験等の事業を行うことで，「勤労観，職業観」の育成がなされキャリア教育を実践しているという誤解を招いたむきもあった。したがって，ここではキャリア教育を推進していくうえで，職場体験等の事業は児童生徒それぞれが社会的自立，職業的自立を果たしていくための一連の教育活動の一部分であるという点をおさえることが重要である。

なお，ここで使われている「勤労観，職業観」に関する定義については，2002（平成14）年11月にだされた国立教育政策研究所生徒指導研究センター「児童生徒の職業観・勤労観を育む教育の推進について（調査研究報告書）」に次のように書かれている。

> 「職業観・勤労観」は，職業や勤労についての知識・理解及びそれらが人生で果たす意義や役割についての個々人の認識であり，職業・勤労に対する見方・考え方，態度等を内容とする価値観である。その意味で，職業・勤労を媒体とした人生観ともいうべきものであって，人が職業や勤労を通してどのような生き方を選択するかの基準となり，また，その後の生活によりよく適応するための基盤となるものである。（国立教育政策研究所生徒指導研究センター，2002, p.21）

さらにここで留意する点として，文部科学省の著作物等における「職業観・勤労観」の表記についてふれておくと，その後，小学校からのキャリア教育推進ということで，「勤労観，職業観」と勤労観が先に表記されるようになり，さらに，勤労観と職業観とは別個に考えるのではなく，一体としてとらえていくという立場で「，」から「・」に変えられ，「勤労観・職業観」と表記されるようになっていった。

(3) キャリア教育の意義

キャリア教育の意義に関して，先の「キャリア教育報告書」では，次の三点を示している（文部科学省，2004, pp.8-9）。

① 教育改革の理念と方向性を示すキャリア教育

　キャリア教育は，一人一人のキャリア発達や個としての自立を促す視点から，従来の教育の在り方を幅広く見直し，改革していくための理念と方向性を示すものである。

② 子どもたちの「発達」を支援するキャリア教育

　キャリア教育は，キャリアが子どもたちの発達段階やその発達課題の達成と深くかかわりながら段階を追って発達していくことを踏まえ，子どもたちの全人的な成長・発達を促す視点に立った取組を積極的に進めることである。

③ 教育課程の改善を促すキャリア教育

　キャリア教育は，子どもたちのキャリア発達を支援する観点に立って，各領域の関連する諸活動を体系化し計画的，組織的に実施することができるよう，各学校が教育課程編成の在り方を見直していくことである。

　以上の三点は，いままでの進路指導は中学校からと考えられていた学校教育を，小学校段階から一人ひとりのキャリア発達を促す視点で見直していくと，必然的に今日の教育改革の理念や方向性と一致し，そのために必要な教育課程の改善を図っていくことを求めているものである。

(4) キャリア教育の各学校ごとの目標

　キャリア教育の意義を踏まえ，小学校・中学校・高等学校におけるキャリア教育を行っていくうえでの目標を，2009（平成21）年3月，11月，2010（平成22）年2月にだされた国立教育政策研究所 生徒指導研究センターの小・中・高校教員向けパンフレットから以下の表6-2にまとめてみた。

　各校種ごとに比較してみると，それぞれが発達段階に応じ系統性をもっていることが理解できる。キャリア教育は児童生徒一人ひとりのキャリア発達

表6-2　小学校・中学校・高等学校におけるキャリア教育の目標

小　学　校	中　学　校	高　等　学　校
・自己及び他者への積極的関心の形成・発展 ➡	肯定的自己理解と自己有用感の獲得 ➡	自己理解の深化と自己受容
・身のまわりの仕事や環境への関心・意欲の向上 ➡	興味・関心等に基づく勤労観・職業観の形成 ➡	選択基準としての勤労観・職業観の確立
・夢や希望，憧れる自己イメージの獲得 ➡	進路計画の立案と暫定的選択 ➡	将来設計の立案と社会的移行の準備
・勤労を重んじ目標に向かって努力する態度の形成 ➡	生き方や進路に関する現実的探索 ➡	進路の現実吟味と試行的参加

を促すという点で，まさに，小学校，中学校，高等学校の連携，協力が不可欠なのである。

6-2　キャリア教育にかかわる教育の動向

(1) 近年におけるキャリア教育の動向

いままで述べてきたことを含め，その後のキャリア教育の動向をわが国における教育の動向との関連で表6-3にまとめた。これらの流れから，現代社会における課題とキャリア教育の学校教育等への普及が読みとれる。また，キャリア教育にかかわる動向は，教育全体の動向にも大きな影響を与えていることが理解できよう。(表中の〔　〕内は主な内容等である)

(2) 教育基本法改正とキャリア教育

キャリア教育への期待が高まるなか，戦後まもなく制定された教育に関する根幹をなす「教育基本法」が60年ぶりに改正された。

【教育基本法（平成18年12月22日公布）】(抜粋)
第2条(教育の目標)の二
　　個人の価値を尊重して，その能力を伸ばし，創造性を培い，自主及び自律の精神を養うとともに，職業及び生活との関連を重視し，勤労を重んずる態度を養うこと。
第3条(生涯学習の理念)
　　国民一人一人が，自己の人格を磨き，豊かな人生を送ることができるよう，その生涯にわたって，あらゆる機会に，あらゆる場所において学習することができ，その成果を適切に生かすことのできる社会の実現が図られなければならない。
第13条(学校，家庭及び地域住民等の相互の連携協力)
　　学校，家庭及び地域住民その他の関係者は，教育におけるそれぞれの役割と責任を自覚するとともに，相互の連携及び協力に努めるものとする。

表6-3　近年におけるキャリア教育の動向

① 中央教育審議会答申「初等中等教育と高等教育との接続の改善について」（平成11年12月）
　　〔いわゆる「接続答申」，名称「キャリア教育」の使用，小学校段階からキャリア教育〕
② 「児童生徒の職業観・勤労観を育む教育の推進について（調査研究報告書）」
　　　　　　　　　　　　　　　　国立教育政策研究所生徒指導研究センター（平成14年11月）
　　〔「職業観・勤労観を育む学習プログラムの枠組み（例）」，「職業観・勤労観」の定義〕
③ 1府3省の若者自立・挑戦戦略会議「若者自立・挑戦プラン」取りまとめ
　　〔内閣府，文部科学省，厚生労働省，経済産業省で構成〕　　　　　（平成15年6月10日）
④ 学習指導要領の一部改正　文部科学省（平成15年12月）
　　〔学習指導要領の基準性を踏まえた指導のいっそうの充実〕
⑤ 「キャリア教育の推進に関する総合的調査研究協力者会議（報告書）」～児童生徒一人一人の
　　勤労観，職業観を育てるために～」（平成16年1月）
　　〔通称「キャリア教育報告書」。キャリア，キャリア教育の定義，意義，研修プログラム等〕
⑥ キャリア教育実践プロジェクトの「キャリア・スタート・ウィーク」開始　文部科学省
　　〔平成17年度，中学校を中心に5日間以上連続した職場体験等の実践，平成18年度から毎
　　年11月を「職場体験チャレンジ月間」とする。〕
⑦ 中央教育審議会答申「新しい時代の義務教育を創造する」（平成17年10月26日）
⑧ 「中学校職場体験ガイド」　文部科学省　冊子（平成17年11月30日）
⑨ 「中学校・高等学校における進路指導に関する総合的実態調査報告書」
　　（実施時期：平成17年2月）　文部科学省委託（財）日本進路指導協会（平成18年3月）
⑩ 「小学校・中学校・高等学校　キャリア教育推進の手引」文部科学省　　　（平成18年11月）
　　〔キャリア教育報告書の解説版，各学校段階のキャリア教育，推進体制等〕
⑪ 「高等学校におけるキャリア教育の推進に関する調査研究協力者会議（報告書）」
　　～普通科におけるキャリア教育の推進～　　　　　　　　　　　　　（平成18年11月）
⑫ 「教育基本法」の改正（平成18年12月22日公布，施行）
⑬ 「経済財政改革の基本方針2007～「美しい国」へのシナリオ～」閣議決定
　　　　　　　　　　　　　　　　　　　　　　　　　　　　　　　　　（平成19年6月19日）
⑭ 「学校教育法」の一部改正（平成19年6月）
⑮ 中央教育審議会答申「幼稚園，小学校，中学校，高等学校及び特別支援学校の学習指導要領
　　等の改善について」（平成20年1月17日）
⑯ 「幼稚園教育要領，小学校及び中学校の学習指導要領」公示　文部科学省　（平成20年3月）
⑰ 「保育所保育指針」告示　厚生労働省（平成20年3月）
⑱ 教育振興基本計画　閣議決定（平成20年7月）
⑲ 「高等学校の学習指導要領」公示　文部科学省（平成21年3月）
⑳ 教員向けキャリア教育推進用パンフレット　国立教育政策研究所生徒指導研究センター
　　小学校，中学校，高等学校教員向け：（平成21年3月）（同年11月）（平成22年2月）
㉑ 中央教育審議会答申「今後の学校におけるキャリア教育・職業教育の在り方について」
　　　　　　　　　　　　　　　　　　　　　　　　　　　　　　　　（平成23年1月31日）
㉒ 「小学校キャリア教育の手引き」文部科学省（平成22年1月）
㉓ 「キャリア教育の更なる充実のために－期待される教育委員会の役割－」
　　　　　　　　　　　文部科学省　国立教育政策研究所生徒指導研究センター（平成23年2月）
㉔ 「キャリア発達にかかわる諸能力の育成に関する調査研究報告書」
　　　　　　　　　　　文部科学省　国立教育政策研究所生徒指導研究センター（平成23年3月）
㉕ 「中学校キャリア教育の手引き」　　　　　　文部科学省（平成23年3月）
㉖ 「小学校キャリア教育の手引き〈改訂版〉」　文部科学省（平成23年5月）
㉗ 「高等学校キャリア教育の手引き」　　　　　文部科学省（平成23年11月）
㉘ 「キャリア教育を創る　学校の特色を生かして実践するキャリア教育　小・中・高等学校に
　　おける基礎的・汎用的能力育成のために」
　　　　　　　　　　　文部科学省　国立教育政策研究所生徒指導研究センター（平成23年11月）

この改正で特にポイントとなる点は，第2条（教育の目標）において，以前の「生活との関連を重視し」が，「職業及び生活との関連を重視し」という文言になり，その後の「勤労を重んずる態度を養うこと」につなげられたことである。これはキャリア教育で重視するところの「自己と働くこととの関連」「働くことと学ぶこととの関連」と同じ方向を示すものである。また，勤労観・職業観の育成とともに，教育の目標のなかにキャリア教育の概念が強く反映されているといえよう。そして，第3条の「生涯学習の理念」が新たに明記されたことも，生涯をとおしてキャリア発達を促していくという点で，学ぶ意欲の向上を含めてキャリア教育との関連性が深いところである。さらに，第13条において，教育における学校，家庭，地域のそれぞれの役割と責任が新たに明記され，相互の連携および協力に努めることが求められたことである。このことは，キャリア教育が子どもたちの社会的自立を促すためにも地域の協力が欠かせない点，さらには，学校が学校だけでなく広く地域の教育力を活用して児童生徒を育成していかなければならない点において，今回の教育基本法改正の意義は大きいものがある。

（3）学校教育法の一部改正とキャリア教育

　60年ぶりに行われた教育基本法の改正を受けて，下位法の学校教育法も一部改正され，これらをあわせて教育の目標等，教育の根幹にかかわる法律が変更されたことになる。

【学校教育法】（平成19年6月一部改正）（抜粋）

第21条（義務教育の目標）

1　学校内外における社会的活動を促進し，自主，自律及び協同の精神，規範意識，公正な判断力並びに公共の精神に基づき主体的に社会の形成に参画し，その発展に寄与する態度を養うこと。

4　家族と家庭の役割，生活に必要な衣，食，住，情報，産業その他の事項について基礎的な理解と技能を養うこと。

10　職業についての基礎的な知識と技能，勤労を重んずる態度及び個性に応じて将来の進路を選択する能力を養うこと。

表6-4　教育基本法と学校教育法の改正点（抜粋）

教育基本法（平成18年12月）	学校教育法（平成19年6月）
前文 　我々日本国民は，たゆまぬ努力によって築いてきた民主的で文化的な国家を更に発展させるとともに，世界の平和と人類の福祉の向上に貢献することを願うものである。 　我々は，この理想を実現するため，個人の尊厳を重んじ，真理と正義を希求し，公共の精神を尊び，豊かな人間性と創造性を備えた人間の育成を期するとともに，伝統を継承し，新しい文化の創造を目指す教育を推進する。 　ここに，我々は，日本国憲法の精神にのっとり，我が国の未来を切り拓く教育の基本を確立し，その振興を図るため，この法律を制定する。 第一章　教育の目的及び理念 （教育の目的） 第一条　教育は，人格の完成を目指し，平和で民主的な国家及び社会の形成者として必要な資質を備えた心身ともに健康な国民の育成を期して行われなければならない。 （教育の目標） 第二条　教育は，その目的を実現するため，学問の自由を尊重しつつ，次に掲げる目標を達成するよう行われるものとする。 一　幅広い知識と教養を身に付け，真理を求める態度を養い，豊かな情操と道徳心を培うとともに，健やかな身体を養うこと。 二　個人の価値を尊重して，その能力を伸ばし，創造性を培い，自主及び自律の精神を養うとともに，職業及び生活との関連を重視し，勤労を重んずる態度を養うこと。 三　正義と責任，男女の平等，自他の敬愛と協力を重んずるとともに，公共の精神に基づき，主体的に社会の形成に参画し，その発展に寄与する態度を養うこと。 四　生命を尊び，自然を大切にし，環境の保全に寄与する態度を養うこと。 五　伝統と文化を尊重し，それらをはぐくんできた我が国と郷土を愛するとともに，他国を尊重し，国際社会の平和と発展に寄与する態度を養うこと。　（略） （生涯学習の理念） 第三条　国民一人一人が，自己の人格を磨き，豊かな人生を送ることができるよう，その生涯にわたって，あらゆる機会に，あらゆる場所において学習することができ，その成果を適切に生かすことのできる社会の実現が図られなければならない。　（略）	第21条（義務教育の目標） 一　学校内外における社会的活動を促進し，自主，自律及び協同の精神，規範意識，公正な判断力並びに公共の精神に基づき主体的に社会の形成に参画し，その発展に寄与する態度を養うこと。 二　学校内外における自然体験活動を促進し，生命及び自然を尊重する精神並びに環境の保全に寄与する態度を養うこと。 三　我が国と郷土の現状と歴史について，正しい理解に導き，伝統と文化を尊重し，それらをはぐくんできた我が国と郷土を愛する態度を養うとともに，進んで外国の文化の理解を通じて，他国を尊重し，国際社会の平和と発展に寄与する態度を養うこと。 四　家族と家庭の役割，生活に必要な衣，食，住，情報，産業その他の事項について基礎的な理解と技能を養うこと。 五　読書に親しませ，生活に必要な国語を正しく理解し，使用する基礎的な能力を養うこと。 六　生活に必要な数量的な関係を正しく理解し，処理する基礎的な能力を養うこと。 七　生活にかかわる自然現象について，観察及び実験を通じて，科学的に理解し，処理する基礎的な能力を養うこと。 八　健康，安全で幸福な生活のために必要な習慣を養うとともに，運動を通じて体力を養い，心身の調和的発達を図ること。 九　生活を明るく豊かにする音楽，美術，文芸その他の芸術について基礎的な理解と技能を養うこと。 十　職業についての基礎的な知識と技能，勤労を重んずる態度及び個性に応じて将来の進路を選択する能力を養うこと。 （教育基本法の下線部は主な変更箇所。 　学校教育法の下線部は，改正前の小学校教育の目標に対する主な追加修正事項（筆者））

この法律の改正で大きなポイントは，いままで，小学校教育の目標，中学校教育の目標と別々だった教育目標が義務教育の目標となり，小学校，中学校あわせて9年間をとおして一貫した教育の目標が示されたことで，その改正の教育的意義は大きいものがある。そして，いままで中学校教育の目標だけにあった，10項に示された「職業についての基礎的な知識と技能，勤労を重んずる態度及び個性に応じて将来の進路を選択する能力を養うこと。」という項目が義務教育の目標に入れられたことにより，小学校においてはこのことをどこまでやるのか，中学校では小学校の教育を受けてさらにどう行っていくのかなど，小学校，中学校の教育内容面での連携がますます求められてくる。したがって，キャリア教育の観点から，小学校，中学校と発達段階を考慮し，教育課程のすりあわせを含めた見直し改善が必要となってくるであろう。

　一方，第21条1項の「規範意識」「公共の精神」「社会の形成に参画」，また，4項の「家族と家庭の役割」等，キャリア教育で強調されている文言が加わったことも，今後の学校教育を進めていくうえでのポイントとなろう。

　なお，今回改正された教育基本法と学校教育法との関連で，その改正点を両者を対比させながらまとめてみたものが表6-4である。キャリア教育に関連する部分だけでなく，教育に関する上位法と下位法との関係，あるいはその後の教育行政関連，特に2008（平成20）年以後改訂された学習指導要領との関係をみていく際，おおいに参考となろう。

（4）学習指導要領改訂とキャリア教育

　教育基本法および学校教育法の改正等を受け，2008（平成20）年，約10年ぶりに改訂された小・中学校の学習指導要領では，その解説編の文中で「キャリア教育」についてはじめて言及された。

　さらに，2009（平成21）年3月に同じく改訂された高等学校の学習指導要領では，総則そのものに「キャリア教育を推進すること」と明記されている。表6-5はそれらを列記し，まとめたものである。

　また，キャリア教育は進路指導と同様に，教育活動全体で行うべき内容であるが，人間関係形成や勤労観・職業観の育成に特にかかわりのある学習指導要領のなかの「特別活動（おもに学級活動・ホームルーム活動）」につい

表6-5　小学校・中学校・高等学校の学習指導要領におけるキャリア教育関連記述(抜粋)

①小学校の改訂学習指導要領におけるキャリア教育関連記述 （抜粋）
　「小学校 学習指導要領解説　総則編」（文部科学省，平成20年8月）
　　第5節　教育課程実施上の配慮事項
　　　3　学級経営と生徒指導の充実（第1章第4の2(3)）
　　　　「小学校低・中学年の段階における家庭学習も含めた学習習慣の確立とともに，観察・実験やレポートの作成など知識・技能の活用を図る学習活動や勤労観・職業観を育てるための<u>キャリア教育</u>などを通じ学ぶ意義を実感することも重要である。」

②中学校の改訂学習指導要領におけるキャリア教育関連記述 （抜粋）
　「中学校 学習指導要領解説　総則編」（文部科学省，平成20年9月）
　　第5節　教育課程実施上の配慮事項
　　　4　進路指導の充実（第1章第4の2(4)）
　　　　「進路指導が生徒の勤労観・職業観を育てる<u>キャリア教育</u>の一環として重要な役割を果たすものであること，学ぶ意義の実感にもつながることなどを踏まえて指導を行うことが大切である。」

③高等学校の改訂学習指導要領におけるキャリア教育関連記述 （抜粋）
　「高等学校 学習指導要領」（文部科学省，平成22年3月）
　　総則 第5款 教育課程の編成・実施に当たって配慮すべき事項
　　4(3)「学校においては，<u>キャリア教育</u>を推進するために，地域や学校の実態，生徒の特性，進路等を考慮し，地域や産業界等との連携を図り，産業現場等における長期間の実習を取り入れるなどの就業体験の機会を積極的に設けるとともに，地域や産業界等の人々の協力を積極的に得るよう配慮するものとする。」
　　5(4)「生徒が自己の在り方生き方を考え，主体的に進路を選択することができるよう，学校の教育活動全体を通じ，計画的，組織的な進路指導を行い，<u>キャリア教育</u>を推進すること。」
　　　　　　　　　　　　　　　　　　　　　　（下線は筆者による）

て，小学校，中学校，高等学校の関連がわかるよう，表6-6にまとめた。児童生徒の発達段階を踏まえるためにも，また，小・中・高等学校の連携を図っていくためにも，それぞれの校種における教育内容の系統性を把握することは重要である。

（5）汎用性が求められてきた最近のキャリア教育

　小学校，中学校，高等学校の教育関係者からは，児童生徒に対して「生きる力（確かな学力，豊かな人間性，たくましく生きるための健康や体力)」の育成が求められてきた。

また，先の「キャリア教育報告書」で引用された「職業観・勤労観を育む学習プログラムの枠組み（例）―職業的（進路）発達にかかわる諸能力の育成の視点から」では，育むべきキャリア発達にかかわる諸能力の例として表6-1のように「人間関係形成能力」など4つの能力領域，8つの能力が示され，小・中・高等学校ではそれらの育成にも努めてきた。しかし，これらの用語は小・中・高等学校でしか通用しない部分があった。

　一方，大学にかかわる教育関係者からは，大学生に対して各専攻分野を通じて培う学士課程共通の学習成果としての「学士力」が求められてきた。

　そして，労働界では2002（平成13）年に厚生労働省の研究会が，労働市場における能力評価，能力開発目標の基準となる実践的な就業能力として「エンプロイアビリティ」をあげ，その育成について提言してきた。

　さらに，2004（平成16）年に厚生労働省は，企業が採用にあたって重視し，基礎的なものとして比較的短期の訓練により向上可能な能力として「就職基礎能力」をあげ，その育成についての提言がなされた。また，2006（平成18）年に経済産業省の研究会は，職場や地域社会のなかで多様な人々とともに仕事を行っていくうえで必要な基礎的な能力として「社会人基礎力」の育成を提言した。

　一方，世界の教育関係者からは，単なる知識や技能だけではなく，技能や態度を含むさまざまな心理的・社会的なリソースとして活用して，特定の文脈のなかで複雑な課題に対応することができる力として，OECDが2000年のPISA調査の開始にあたって定義した「キー・コンピテンシー（key competency；主要能力）」の育成を世界に求めてきた。

　これら，教育界，産業界等から，当時求められていた能力等としてまとめられたものとして，「基礎的・汎用的能力についての提言の例」を，表6-7に引用しておく（中央教育審議会，2009）。

　このような社会のなかで，学校においては社会人・職業人として自立した人材の育成が強く求められているにもかかわらず，一方ではフリーター・若年無業者や新卒者の早期離職が問題になるなど，学校から社会・職業への移行が必ずしも円滑に行われていない状況にあること，さらに，2006（平成18）年の教育基本法の改正，2008（平成20）年に閣議決定された教育振興基本計画の重点的に取り組むべき事項の一つに「キャリア教育・職業教育の

表6-6　学習指導要領　小学校・中学校・高等学校　特別活動（おもに学級活動・ホームルーム活動）対照表

小学校 学習指導要領（平成20年3月告示）	中学校 学習指導要領（平成20年3月告示）	高等学校 学習指導要領（平成21年3月告示）
第6章　特別活動 第1　目標 　望ましい集団活動を通して、心身の調和のとれた発達と個性の伸長を図り、集団の一員としてよりよい生活や人間関係を築こうとする自主的、実践的な態度を育てるとともに、自己の生き方についての考えを深め、自己を生かす能力を養う。 第2　各活動・学校行事の目標及び内容 〔学級活動〕 1　目標 　学級活動を通して、望ましい人間関係を形成し、集団の一員として学級や学校におけるよりよい生活づくりに参画し、諸問題を解決しようとする自主的、実践的な態度や健全な生活態度を育てる。 2　内容 〔第1学年及び第2学年〕 　学級を単位として、仲良く助け合い学級生活を楽しくするとともに、日常の生活や学習に進んで取り組もうとする態度の育成に資する活動を行うこと。 〔第3学年及び第4学年〕 　学級を単位として、協力し合って楽しい学級生活をつくるとともに、日常の生活や学習に自主的に取り組もうとする態度の育成に資する活動を行うこと。 〔第5学年及び第6学年〕 　学級を単位として、信頼し支え合って楽しく豊かな学級や学校の生活をつくるとともに、日常の生活や学習に自主的に取り組もうとする態度の向上に資する活動を行うこと。	第5章　特別活動 第1　目標 　望ましい集団活動を通して、心身の調和のとれた発達と個性の伸長を図り、集団の一員としてよりよい生活や人間関係を築こうとする自主的、実践的な態度を育てるとともに、人間としての生き方についての自覚を深め、自己を生かす能力を養う。 第2　各活動・学校行事の目標及び内容 〔学級活動〕 1　目標 　学級活動を通して、望ましい人間関係を形成し、集団の一員として学級や学校におけるよりよい生活づくりに参画し、諸問題を解決しようとする自主的、実践的な態度や健全な生活態度を育てる。 2　内容 　学級を単位として、学校や学校の生活の充実と向上、生徒が当面する諸課題への対応に資する活動を行うこと。	第5章　特別活動 第1　目標 　望ましい集団活動を通して、心身の調和のとれた発達と個性の伸長を図り、集団の一員としてよりよい生活や人間関係を築こうとする自主的、実践的な態度を育てるとともに、人間としての在り方生き方についての自覚を深め、自己を生かす能力を養う。 第2　各活動・学校行事の目標及び内容 〔ホームルーム活動〕 1　目標 　ホームルーム活動を通して、望ましい人間関係を形成し、集団の一員としてホームルームや学校におけるよりよい生活づくりに参画し、諸問題を解決しようとする自主的、実践的な態度や健全な生活態度を育てる。 2　内容 　学校におけるホームルーム活動を単位として、編成したホームルームや学校の生活の充実と向上、生徒が当面する諸課題への対応に資する活動を行うこと。

総則　第5章　教育課程の編成
4 (3) 学校においては、キャリア教育を推進するため、地域や産業界との連携を図り、産業現場等における長期間の実習を取り入れるなどの就業体験の機会を積極的に設けるとともに、地域の人々の協力を得つつ行う。
5 (4) 生徒が自己の在り方生き方を考え、主体的に進路を選択することができるよう、学校の教育活動全体を通じ、計画的、組織的な進路指導を行い、キャリア教育を推進すること。

[共通事項]
(1) 学級や学校の生活づくり
　ア　学級や学校における生活上の諸問題の解決
　イ　学級内の組織づくりや仕事の分担処理
　ウ　学校における多様な集団の生活の向上

(2) 日常の生活や学習への適応及び健康安全
　ア　希望や目標をもって生きる態度の形成
　イ　基本的な生活習慣の形成
　ウ　望ましい人間関係の形成
　エ　清掃などの当番活動等の役割と働くこと の意義の理解
　オ　学校図書館の利用
　カ　心身ともに健康で安全な生活態度の形成
　キ　食育の観点を踏まえた学校給食と望まし い食習慣の形成

第3　指導計画の作成と内容の取扱い
1 (2) [学級活動]の2の(2)においては, 児童が自 ら現在及び将来の生き方を考えることができるよう工夫する こと。

以下, [児童会活動] [クラブ活動] [学校行事] (省略)
第3　指導計画の作成と内容の取扱い (省略)

(1) 学級や学校の生活づくり
　ア　学級や学校における生活上の諸問題の解 決
　イ　学級内の組織づくりや仕事の分担処理
　ウ　学校における多様な集団の生活の向上

(2) 適応と成長及び健康安全
　ア　思春期の不安や悩みとその解決
　イ　自己及び他者の個性の理解と尊重
　ウ　社会生活における役割の自覚と責任
　エ　男女相互の理解と協力
　オ　望ましい人間関係の確立
　カ　ボランティア活動の意義の理解と参加
　キ　国際理解と国際交流
　ク　心身ともに健康で安全な生活態度や習慣 の形成
　ケ　性的な発達への適応
　コ　食育の観点を踏まえた学校給食と望まし い食習慣の形成

(3) 学業と進路
　ア　学ぶことと働くことの意義の理解
　イ　自主的な学習態度の形成と学校図書館の 利用
　ウ　進路適性の吟味と進路情報の活用
　エ　望ましい勤労観・職業観の形成
　オ　主体的な進路の選択と将来設計

以下, [生徒会活動] [学校行事] (省略)
第3　指導計画の作成と内容の取扱い (省略)

(1) ホームルームや学校の生活づくり
　ア　ホームルームや学校における生活上の諸 問題の解決
　イ　ホームルーム内の組織づくりと自主的な 活動
　ウ　学校における多様な集団の生活の向上

(2) 適応と成長及び健康安全
　ア　青年期の悩みや課題とその解決
　イ　自己及び他者の個性の理解と尊重
　ウ　社会生活における自己の役割と自己責任 の自覚
　エ　男女相互の理解と協力
　オ　コミュニケーション能力の育成と人間関 係の確立
　カ　ボランティア活動の意義の理解と参画
　キ　国際理解と国際交流
　ク　心身の健康と健全な生活態度や規律ある 習慣の確立
　ケ　生命の尊重と安全な生活態度や規律ある 習慣の確立

(3) 学業と進路
　ア　学ぶことと働くことの意義の理解
　イ　主体的な学習態度の確立と学校図書館の 利用
　ウ　教科・科目の適切な選択
　エ　進路適性の理解と進路情報の活用
　オ　望ましい勤労観・職業観の確立
　カ　主体的な進路の選択決定と将来設計

以下, [生徒会活動] [学校行事] (省略)
第3　指導計画の作成と内容の取扱い (省略)

(注：アンダーライン〜〜は新旧対照追加変更事項の概略。筆者による)

第6章　進路指導からキャリア教育へ　　129

表6-7 基礎的・汎用的能力についての提言の例

	生きる力	学士力	キー・コンピテンシー（主要能力）	社会人基礎力	就職基礎能力	エンプロイアビリティ
趣旨	「変化の激しいこれからの社会を生きる子どもたちに身に付けさせたい力」として、中央教育審議会が提言。[平成8年7月「21世紀を展望した我が国の教育の在り方について」などの累次の答申]	「各専攻分野を通じて培う、学士課程共通の学習成果」として、中央教育審議会が提言。[平成20年12月答申「学士課程教育の構築に向けて」]	「単なる知識や技能だけではなく、技能や態度を含む様々な心理的・社会的なリソースを活用して、特定の文脈の中で複雑な課題に対応することができる力」として、OECDが2000年のPISA調査の開始に当たり定義。	「職場や地域社会の中で多様な人々とともに仕事を行っていく上で必要な基礎的な能力」として、経済産業省の研究会が提言。[平成18年1月「社会人基礎力に関する研究会―中間取りまとめ―」]	「企業が採用に当たって重視し、かつ、基礎的なものとして比較的短期間の訓練により向上可能な能力」として、厚生労働省が提言。[平成16年1月「若年者の就職能力に関する実態調査」]	「労働市場価値、即ち、労働市場における能力評価、能力開発目標の基準となる実際の就業能力」として平成13年7月「エンプロイアビリティの判断基準等に関する調査研究報告書」
内容	○確かな学力 　知識・技能に加え、自ら学び、自分で課題を見つけ、自ら考え、主体的に判断し、行動し、よりよく問題を解決する資質や能力 ○豊かな人間性 　自らを律しつつ、他人とともに協調し、他人を思いやる心や感動する心など ○たくましく生きるための健康や体力	○知識・理解 ・多文化・異文化に関する知識の理解 ・人類の文化、社会と自然に関する知識の理解 ○汎用的技能 ・コミュニケーション・スキル ・数量的スキル ・論理的思考力 ・問題解決力 ○態度・志向性 ・自己管理力 ・チームワーク、リーダーシップ ・倫理観 ・市民としての社会的責任 ・生涯学習力 ○統合的な学習経験と創造的思考力	○社会・文化的、技術的ツールを相互作用的に活用する能力 ・言語、シンボル、テクストを活用する能力 ・知識や情報を活用する能力 ・テクノロジーを活用する能力 ○多様な社会グループにおける人間関係形成能力 ・他人と円滑に人間関係を構築する能力 ・協調する能力 ・利害の対立を御し、解決する能力 ○自律的に行動する能力 ・大局的に行動する能力 ・人生設計や個人の計画を作り実行する能力 ・権利、利害、責任、限界、ニーズを表明する能力	○前に踏み出す力（アクション） ・主体性 ・働きかけ力 ・実行力 ○考え抜く力（シンキング） ・課題発見力 ・計画力 ・想像力 ○チームで働く力（チームワーク） ・発信力 ・傾聴力 ・柔軟性 ・状況把握力 ・規律性 ・ストレスコントロール力	○コミュニケーション能力 ・意思疎通 ・協調性 ・自己表現能力 ○職業人意識 ・責任感 ・向上心・探求心 ・職業意識・勤労観 ○基礎学力 ・読み書き・計算・数学的思考力 ○ビジネスマナー ・社会人常識 ○資格取得 ・情報技術関係 ・経理・財務関係 ・語学力関係	○職務遂行に必要となる特定の知識・技能などの顕在的なもの ○協調性、積極性等、職務遂行に当たり各個人が保持している思考特性や行動特性に係るもの ○動機、人柄、性格、信念、価値観等の潜在的な個人の属性に関するもの ○企業の求めの変化に対応する能力 ○横断的な市場価値を含んだ職業能力

推進」があげられた点などを踏まえて，2008（平成20）年12月24日に文部科学省は「今後の学校におけるキャリア教育・職業教育の在り方について」を検討するよう中央教育審議会に諮問した。

　この諮問を受けた中央教育審議会では「キャリア教育・職業教育特別部会」を立ち上げ，現状の課題を探りつつ，生涯をとおしてキャリア形成を支援していくという観点から，義務教育やその後の学校教育だけで考えられていた能力育成から，社会にでて仕事をする際に必要となる能力，また，生涯学習においても必要とされる能力等，それぞれの時期において育成していく能力等の表現を分析し，再構成し，共通したものにしようと検討した。すなわち，各界で育成が求められている諸能力等を，それぞれの立場を越えて，各界が一体となって育成に取り組むべき必要性を訴えるため，各界共通の言語を検討していった。その結果，先の審議会では，社会的・職業的自立に向けて，学校から社会・職業への円滑な移行に必要な力に含まれる要素として構成されるものを「基礎的・基本的な知識・技能」「基礎的・汎用的能力」「論理的思考力，創造力」「意欲・態度及び価値観」「専門的な知識・技能」とし，以下の図6-3のようにまとめている。

図6-3　「社会的・職業的自立，社会・職業への円滑な移行に必要な力」の要素
　　　　（中央教育審議会，2011aより）

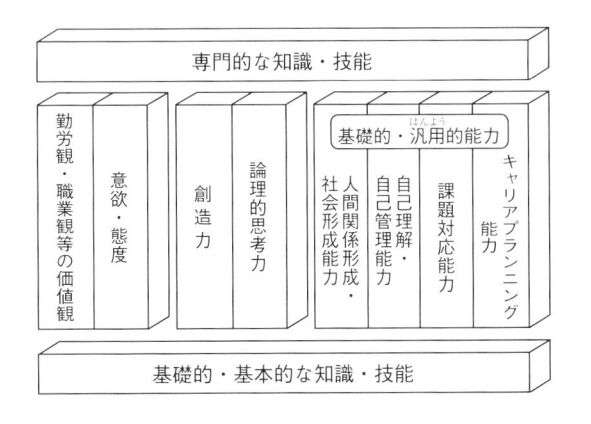

専門的な知識・技能

勤労観・職業観等の価値観
意欲・態度
創造力
論理的思考力

基礎的・汎用的能力
人間関係形成・社会形成能力
自己理解・自己管理能力
課題対応能力
キャリアプランニング能力

基礎的・基本的な知識・技能

(6) キャリア教育の新たな方向性を示した中央教育審議会答申

中央教育審議会は二度の審議経過報告の公表を経て，2011（平成23）年1月31日，「今後の学校におけるキャリア教育・職業教育の在り方について（答申）」をだした。これは，中央教育審議会が「キャリア教育」について初めてだした答申であり，そのなかで「キャリア」と「キャリア教育」について，次のように再定義した（中央教育審議会，2011a）。

> **キャリアの定義：** 人が，生涯の中で様々な役割を果たす過程で，自らの役割の価値や自分と役割との関係を見いだしていく連なりや積み重ね
>
> **キャリア教育の定義：** 一人一人の社会的・職業的自立に向け，必要な基盤となる能力や態度を育てることを通して，キャリア発達を促す教育

これは，先に示されていたキャリア教育についての説明等が，進路を選択することに重点がおかれているかのように思われたり，勤労観・職業観の育成に焦点があてられて，本来の社会的・職業的自立のために必要な能力の育成が十分とはいえなかったりしたことなどの問題から，キャリア教育の新たな方向性とその定義が示されたのである。

また，キャリア教育で育成する主要な能力である「基礎的・汎用的能力」については，これらを育成するという観点で，具体的内容として「仕事に就くこと」に焦点をあて，「人間関係形成・社会形成能力」「自己理解・自己管理能力」「課題対応能力」「キャリアプランニング能力」の4つの能力に整理して提起された。

これらの能力については，先の答申において次のように述べられている。

> これらの能力は，包括的な能力概念であり，必要な要素をできる限り分かりやすく提示するという観点でまとめたものである。この4つの能力は，それぞれが独立したものではなく，相互に関連・依存した関係にある。このため，順序があるものではなく，また，これらの能力をすべての者が同じ程度あるいは均一に身に付けることを求めるものではない。（中央教育審議会，2011）

ここで，今後，育成されるべき能力として新たに示された「基礎的・汎用

的能力」の「4つの能力」と，先に示された「職業観・勤労観を育む学習プログラムの枠組み(例)」の「4つの能力領域，8つの能力」との関係をよく理解しておく必要がある。そこで，これらの関係を答申をもとに，わかりやすく整理してまとめてみたものが次の表6-8である。

先に示された「4領域8能力」については，以前からその課題として次のような点が指摘されてきた。それは，小学校から高等学校までの想定にとどまっているという点，そして，キャリア教育の定義にあるように，生涯を通じて育成される能力という観点がうすいという点である。また，高等学校卒業後，社会人として実際に求められる能力との共通言語となっていない点，さらに，示された8つの能力は「例」であるにもかかわらず学校現場ではかなり固定的にとらえられている場合が多かったという点，などである。これらの課題を克服するため，先にも述べてきたが，大学生に求められてきた「学士力」，企業の採用にあたって求められてきた「就職基礎能力」など，各界が求めてきた能力を分析して，社会的・職業的自立に向けて必要な基盤となる能力として再構成して提示されたのが「基礎的・汎用的能力」であり，その構成要素が「4つの能力」である。

先の「4領域8能力」から今回示された「4つの能力」への転換にあたっては，「キャリア発達にかかわる諸能力の育成に関する調査研究報告書」(平成23年3月　文部科学省　国立教育政策研究所生徒指導研究センター)に次のように記されている。

> 基礎的・汎用的能力が，これまで各学校における実践の基盤となっていた「4領域8能力」を継承し，各界で提唱された様々な能力との整合性を図りつつ，社会的・職業的自立に向けて必要な基盤となる能力であることを正しく理解する必要がある。また同時に，基礎的・汎用的能力は「4領域8能力」と同様に，学校や地域の特色，児童生徒の発達の段階に即し，学校がそれぞれの課題を踏まえて具体の能力を設定し，工夫された教育を通じて達成するための参考として活用されるべきものである。(文部科学省，2011b，p.34)

これらのことを参考に，特に小・中・高等学校でこれまで育成が図られていた「4領域8能力」は，そのなかの「計画実行能力」や「課題解決能力」についてが，ともすると将来の生き方や進路とのかかわりに限定されていた

表6-8 「4領域8能力」から「基礎的・汎用的能力」への転換 (中央教育審議会, 2011)

【キャリア発達にかかわる諸能力(例)】

4 領 域	8 能 力	
人間関係形成能力	自他の理解能力	自己理解を深め、他者の多様な個性を理解し、互いに認め合うことを大切にして行動していく能力
他者の個性を尊重し、自己の個性を発揮しながら、様々な人々とコミュニケーションを図り、協力・共同してものごとに取り組む。	コミュニケーション能力	多様な集団・組織の中で、コミュニケーションや豊かな人間関係を築きながら、自己の成長を果たしていく能力
情報活用能力	情報収集・探索能力	進路や職業等に関する様々な情報を収集・探索するとともに、必要な情報を選択・活用し、自己の進路や生き方を考えていく能力
学ぶこと・働くことの意義や役割及びその多様性を理解し、幅広く情報を活用して、自己の進路や生き方の選択に生かす。	職業理解能力	様々な体験等を通して、学校で学ぶことと社会・職業生活との関連や、今しなければならないことなどを理解していく能力

【基礎的・汎用的能力】

4つの能力とそれぞれの能力の内容	具体的な要素の例
人間関係形成・社会形成能力 多様な他者の考えや立場を理解し、相手の意見を聴いて自分の考えを正確に伝えることができるとともに、自分の置かれている状況を受け止め、役割を果たしつつ他者と協力・協働して社会に参画し、今後の社会を積極的に形成することができる力	・他者の個性を理解する力 ・他者に働きかける力 ・コミュニケーション・スキル ・チームワーク ・リーダーシップ 等
自己理解・自己管理能力 自分が「できること」「意義を感じること」「したいこと」について、社会との相互関係を保ちつつ、今後の自分自身の可能性を含めた肯定的な理解に基づき主体的に行動すると同時に、自らの思考や感情を律し、かつ、今後の成長のために進んで学ぼうとする力	・自己の役割の理解 ・前向きに考える力 ・自己の動機付け ・忍耐力 ・ストレスマネジメント ・主体的行動 等

134

将来設計能力	役割把握・認識能力	課題対応能力	・情報の理解・選択・処理 ・本質の理解 ・原因の追究 ・課題発見 ・計画立案 ・実行力 ・評価・改善 等
夢や希望を持って将来の生き方や生活を考え、社会の現実を踏まえながら、前向きに自己の将来を設計する。	生活・仕事上の多様な役割や意義及びその関連の理解し、自己の果たすべき役割等についての認識を深めていく能力	仕事をする上での様々な課題を発見、分析し、適切な計画を立ててその課題を処理し、解決することができる能力	
	計画実行能力		
	目標とすべき将来の生き方や進路を考え、それを実現するための進路計画を立て、実際の選択行動等で実行していく能力		

意思決定能力	選 択 力	キャリアプランニング能力	・学ぶこと・働くことの意義や役割の理解 ・多様性の理解 ・将来設計 ・選択 ・行動と改善 等
自らの意志と責任でよりよい選択・決定を行うとともに、その過程での課題や葛藤に積極的に取り組み克服する。	様々な選択肢について比較検討したり、葛藤を克服したりして、主体的に判断し、自らにふさわしい選択・決定を行っていく能力	「働くこと」の意義を理解し、自らが果たすべき様々な立場や役割との関連を踏まえて「働くこと」を位置付け、多様な生き方に関する様々な情報を適切に取捨選択・活用しながら、自ら主体的に判断してキャリアを形成していく力	
	課題解決能力		
	意思決定に伴う責任を受け入れ、選択結果に適応するとともに、希望する進路の実現に向け、自ら課題を設定してその解決に取り組む能力		

※ 図中の破線は両者の関連の強さが相対的に見て弱いことを示している。破線部分に関して、[4領域8能力]では、[計画実行能力] や [課題解決能力] が求められていたものの、自らの将来の生き方や進路とのかかわりを重視した実行力や課題解決の力の育成に力点が置かれており、広く [仕事をする上での様々な課題を発見・分析し、適切な計画を立ててその課題を処理し、解決することができる力] の育成については必ずしも前面に出されてはいなかったことがわかる。

(中央教育審議会答申等を参考に筆者作成)

表 6-9　中央教育審議会答申「今後の学校におけるキャリア教育・職業教育の在り方について」概要から（抜粋）（中央教育審議会，2011a）

【キャリア教育】
　一人一人の社会的・職業的自立に向け，必要な基盤となる能力や態度を育てることを通して，キャリア発達を促す教育

【キャリア】
　人が，生涯の中で様々な役割を果たす過程で，自らの役割の価値や自分と役割との関係を見いだしていく連なりや積み重ね

【キャリア教育の充実に関する基本的な考え方】
1. 社会的・職業的自立に向けて必要な基盤となる能力・態度を育成する，幼児期の教育から高等教育までの体系的な取組
2. 子ども・若者一人一人の発達状況の的確な把握ときめ細かな支援
3. 能力や態度の育成を通じた勤労観・職業観等の価値観の自己形成・自己確立

【キャリア教育の充実方策】
1. 教育方針の明確化と教育課程への位置付け
2. 重視すべき教育内容・教育方法と評価・改善
　・多様で幅広い他者との人間関係形成等のための場や機会の設定
　・経済・社会の仕組みや労働者としての権利・義務等についての理解の促進
　・体験的な学習活動の効果的な活用
　・キャリア教育における学習状況の振り返りと，教育活動の評価・改善の実施
3. 教職員の意識・指導力向上と実施体制の整備

【各学校段階におけるキャリア教育の推進の主なポイント】
　幼　児　期：自発的・主体的な活動を促す。
　小　学　校：社会性，自主性・自律性，関心・意欲等を養う。
　中　学　校：社会における自らの役割や将来の生き方・働き方等を考えさせ，目標を立てて計画的に取り組む態度を育成し，進路の選択・決定に導く。
　後期中等教育：後期中等教育修了までに，生涯にわたる多様なキャリア形成に共通して必要な能力や態度を育成。またこれを通じ，勤労観・職業観等の価値観を自ら形成・確立する。
　特別支援教育：個々の障害の状態に応じたきめ細かい指導・支援の下で行う。
　高　等　教　育：後期中等教育修了までを基礎に，学校から社会・職業への移行を見据え，教育課程の内外での学習や活動を通じ，高等教育全般においてキャリア教育を充実する。

点，また，広くさまざまな「仕事」に対する「課題対応」の育成に必ずしもなっていなかった点などを踏まえ，今後は，人が生涯を通じて育成していくべきさまざまな課題に対応できる汎用性のある「4つの能力」へとすみやかに転換を図っていく必要がある。

また，今回の中央教育審議会答申ではキャリア教育の再定義を含め，発達段階に応じた体系的なキャリア教育をめざし，その基本的な考え方，充実方策，各学校段階におけるキャリア教育の推進のポイントを提起している（表6-9参照）。

キャリアは年齢によって自然に身につくものではなく，それぞれの発達の段階や発達課題の達成と深くかかわりながら段階を追って発達していくもの

図6-4　学校におけるキャリア教育推進の手順例

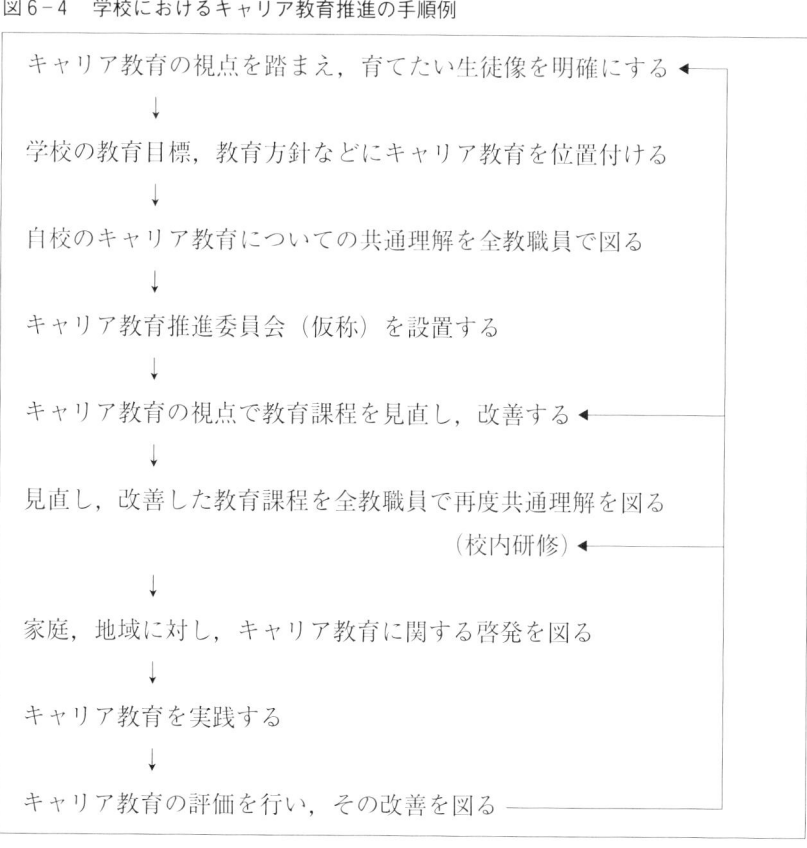

```
キャリア教育の視点を踏まえ，育てたい生徒像を明確にする ←
           ↓                                                │
学校の教育目標，教育方針などにキャリア教育を位置付ける        │
           ↓                                                │
自校のキャリア教育についての共通理解を全教職員で図る          │
           ↓                                                │
キャリア教育推進委員会（仮称）を設置する                      │
           ↓                                                │
キャリア教育の視点で教育課程を見直し，改善する ←             │
           ↓                                      │          │
見直し，改善した教育課程を全教職員で再度共通理解を図る         │
                          （校内研修）←          │          │
           ↓                                                │
家庭，地域に対し，キャリア教育に関する啓発を図る              │
           ↓                                                │
キャリア教育を実践する                                        │
           ↓                                                │
キャリア教育の評価を行い，その改善を図る ─────────────────────
```

第6章　進路指導からキャリア教育へ

である。そのためには外部からの組織的・体系的な働きかけが不可欠であり，その意味において，これらの能力をどのように身につけさせていくかについて，学校教育の果たすべき役割は大きいものがある。

(7) キャリア教育の推進

　小学校，中学校，高等学校等，各学校段階において実際にキャリア教育を推進していくためには，校長のリーダーシップのもと，意図的，計画的，組織的に進めていく必要がある。文部科学省の「中学校キャリア教育の手引き」(平成23年3月)では，学校におけるキャリア教育推進の手順例が図6-4のように示されている(文部科学省，2011a, p.57)。

　この「学校におけるキャリア教育推進の手順例」は，キャリア教育の意義やキャリア教育の充実方策にもあるように，まさに教育課程の改善を促し，よりよい学校教育への道筋を示しているといえよう。

　具体的な実践については，文部科学省からでている「小学校キャリア教育の手引き〈改訂版〉」(平成23年5月)，「中学校キャリア教育の手引き」(平成23年3月)，「高等学校キャリア教育の手引き」(平成23年11月)を参照されたい。これらには，年間指導計画の作成や各教科等における取組みなど，具体的な実践例を含めた内容が示されている(文部科学省ホームページ，特に「進路指導・キャリア教育について」参照)。

「中学校キャリア教育の手引き」(平成23年3月) 目次(抜粋)
　第1章　キャリア教育とは何か
　第2章　中学校におけるキャリア教育の推進のために
　第3章　中学校におけるキャリア教育の実践

6-3　進路指導からキャリア教育へ

(1) キャリア教育と進路指導の違い

　先の中央教育審議会答申「今後の学校におけるキャリア教育・職業教育の在り方について」(平成23年1月)における進路指導とキャリア教育につ

いての記述を並記してみよう。

　「進路指導は，本来，生徒の個人資料，進路情報，啓発的経験及び相談を通じて，生徒が自ら，将来の進路を選択・計画し，就職又は進学をして，更にその後の生活によりよく適応し，能力を伸長するように，教員が組織的・継続的に指導・援助する過程であり，どのような人間になり，どう生きていくことが望ましいのかといった長期的展望に立った人間形成を目指す教育活動である。」

　「キャリア教育：一人一人の社会的・職業的自立に向け，必要な基盤となる能力や態度を育てることを通して，キャリア発達を促す教育」

一方，「キャリア教育報告書」では，進路指導とキャリア教育について，次のように記されている（文部科学省，2004）。

　定義・概念としては，キャリア教育との間に大きな差異は見られず，進路指導の取組は，キャリア教育の中核をなすということができる。

これは「進路指導はキャリア教育の中核をなす」という考えである。その後，いままで述べてきたように，教育基本法，学校教育法の改正，学習指導要領の改訂等を経て，いま，生涯においても必要な「基礎的・汎用的能力」を育成する観点から，新たなキャリア教育の定義が示されてきた。

さらに，改訂された中学校学習指導要領解説「特別活動編」の「特別活動の基本的な性格と教育的意義」のなかでは，次のように記されている。

　（略）社会人，職業人として自立していくことを目指すキャリア教育の視点に立った進路指導とガイダンスの機能の充実が一層望まれる。

そして，中央教育審議会答申「今後の学校におけるキャリア教育・職業教育の在り方について」では，「進路指導の改善・充実」のなかで，次のように記されている（中央教育審議会，2011a）。

　各学校は，自校におけるこれまでの進路指導の実践をキャリア教育の視点からとらえ直し，その在り方を見直すことが必要である。

これらの指摘は，キャリア教育の視点にたった進路指導の見直し改善がいま求められているということである。

一方，中学校，高等学校で行われてきた進路指導であるが，小学校や社会生活においては通じにくい部分もあった。また，進学指導，出口指導と批判されてきたことに対し，本来の進路指導を行っていこうという努力はなされ

てきたが，将来にわたって人間関係を築いていく大切さへの指導やコミュニケーション能力の育成，学ぶことと働くことの関連性の指導，一人ひとりの発達を意識した指導等は十分とはいえなかった。このことについて先の「キャリア教育報告書」では，

> キャリア教育は，このような進路指導の取組の現状を抜本的に改革していくために要請されたと言うこともできる。

と指摘している（文部科学省，2004）。さらに，

> 学校における活動全体がキャリア発達への支援という視点を明確に意識して展開される時，従来の進路指導に比べ，より広範な活動がキャリア教育の取組として展開できる。

としている。これらのことを考えると，いまや小学校からだけでなく，保育所，幼稚園，大学等，社会にでてからも含め，生涯にわたるキャリア発達を促す観点から進路指導を含め，学校教育をとらえ直していく必要がある。

（2）進路指導からキャリア教育へ

いままでの記述との関連で，従来の進路指導のあり方を振り返り，一方で現実的な進学・就職指導もおろそかにしないことも踏まえつつ，キャリア教育の視点で進路指導を見直し，進路指導からキャリア教育への方向性を考えていくための観点を以下にまとめてみた。

〈今後のキャリア教育への見直しの観点〉
1. 教育基本法，学校教育法，学習指導要領等の改訂の趣旨の理解と確認
2. 教育の動向，諸答申，諸報告書等，新しい情報の把握と理解
3. 個々人の必要とされる能力等の発達を意識した教育活動の展開
    (1) 社会あるいはまわりの人とのかかわりを踏まえ，自己の生き方を考え，よりよく生きていくための力の育成
    (2) キャリア発達を促す指導と進路決定のための指導との系統的な調和
    (3) 子どもたちの意識や能力・態度の変容が子どもたち自身も理解でき，それがさらに能力・態度の育成に結びつくための指導の実践

図6-5 「発達」を支援するキャリア教育

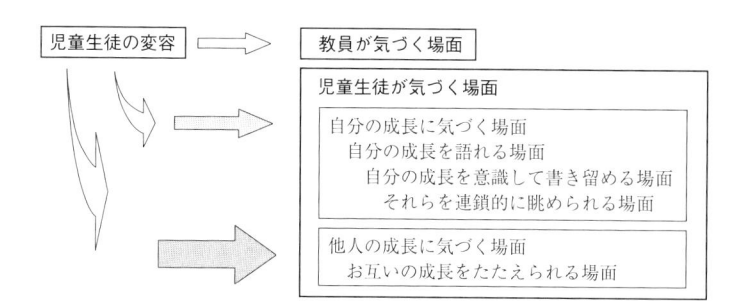

```
児童生徒の変容  ⇒  教員が気づく場面
                    ┌─────────────────────────┐
              ⇒    │ 児童生徒が気づく場面      │
                    │   自分の成長に気づく場面  │
                    │   自分の成長を語れる場面  │
                    │   自分の成長を意識して書き留める場面 │
                    │   それらを連鎖的に眺められる場面 │
                    ├─────────────────────────┤
              ⇒    │ 他人の成長に気づく場面    │
                    │ お互いの成長をたたえられる場面 │
                    └─────────────────────────┘
```

4. 将来自立した職業人・社会人となるための基礎的な能力等の育成
   (1) 自校における個々の児童生徒に必要な能力，将来必要とされる能力などの検討
   (2) 集団生活に必要な規範意識やマナーなど，社会や集団への適応の指導
   (3) 人間関係を築く力やコミュニケーション能力等，社会人，職業人として自立していくための基礎的な能力の育成支援
   (4) 社会の動向を見据え，変化に対応できる能力の育成

5. 一人ひとりのキャリア発達を組織的・体系的に支援していく体制づくり
   (1) 小学校，中学校の目標がひとくくりの義務教育の目標となったことを受け，系統的な教育内容のための小中連携・協力
   (2) 自立をめざしたキャリア発達を促す，特別支援教育体制の構築
   (3) 個々人へのキャリア発達を促す観点でのキャリア・カウンセリングの実施
   (4) 保育所，幼稚園，小学校，中学校，高等学校，大学等，学校種間の連携
   (5) 公民館，NPO活動等，地域で学んでいる人，学びを生かしている人たちとの交流，連携（生涯学習の観点）

6. 学校と社会との接続，学ぶことと働くことや生活との関連で生きることを考える教育活動の充実
   (1) 体験活動，表現活動等と日常の教育活動との関連づけ

> (2)「なぜ学ぶのか」等も含め，学ぶことからさらに興味をもち，働くことへと関心をもったり，逆に働くことを考えることから学ぶ必要性を感じたり，学ぶことと働くこととの関連を図った教育活動の改善
> (3) 生活のなかから学びの課題をみつけだし，それが学ぶ意欲につながる，逆に，学んだことが生活に生かされる実感を感じるなど，学ぶことと生活することとの関連で，真実感のある学びの構築
>
> 図6-6 学ぶことと働くことの意義の理解（相互関係の理解）
>
> 学ぶことの意義 ←学んでいることの興味・関心，活用性— 働くことの意義
> ←生涯学習→
> ←働くことの興味・関心，必要性→
>
> 7. 外部人材の活用や学校外部の教育資源との連携，協働のためのコーディネート

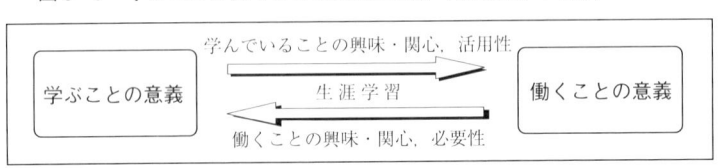

　以上，最近の教育や社会の動向も見据えながら，キャリア教育を理解し，進路指導を含む教育活動全体を見直していくことについて述べてきた。今後，一人ひとりの子どもたちが，将来，社会のために役立とうとする意欲，そのために，どんな道を歩むか，そして，そのためにいま何をなすべきかを考えていけるよう，将来を見据えた教育活動となるよう，また，職業に限らず，さまざまな「仕事」に対応していける「基礎的・汎用的能力」を生涯にわたって身につけていくためにも，現在の教育活動を見直し改善していくキャリア教育の推進がますます重要になってくる。

　大きな震災を受けたわが国でこれからの復興を担っていける人，国際社会で活躍していける人を育てていくためにも，自らの生き方を見いだし，自分の役割を感じ，自分を生かしていける力を育成していくこのキャリア教育は，今後ますますこれからの時代に求められていくはずである。

(3) 教員自身へのキャリア教育

2010（平成22）年6月3日，文部科学省は中央教育審議会に対して「教職生活の全体を通じた教員の資質能力の総合的な向上方策について」を諮問した。これを受け，中央教育審議会の「教員の資質能力向上特別部会」が2011（平成23）年1月31日，その審議経過報告を提出した。それによると，"教員に求められる資質能力"として次の点があげられている（中央教育審議会，2011b，p.23）。

> ・高度な専門性と社会性，実践的指導力，コミュニケーション力，チームで対応する力
> ・一斉指導のみならず，創造的・協働的な学び，コミュニケーション型の学びに対応できる力

今後の最終答申が待たれるところであるが，これら教員に求められている資質能力は，すでに述べてきたキャリア教育が育成すべきところの基礎的・汎用的能力にも共通している点が多い。

「教育は人なり」といわれているとおり，教育にかかわる教員の役割は大きい。また，教育については，学校，家庭，地域とそれぞれの役割と責任を分担して果たしていくことが求められており，そのコーディネーターとしての教員の資質も問われている。

しかし，その資質向上を含め，児童生徒にキャリア教育を推進していく教員自身へのキャリア教育は誰がするのであろうか。日々変化している教育の動向を見据えながら，自分自身へのキャリア教育も忘れてはならないのではないだろうか。

［藤川喜久男］

【引用・参考文献】

中央教育審議会答申「21世紀を展望した我が国の教育の在り方について」（平成8年7月） 1996

中央教育審議会答申「初等中等教育と高等教育との接続の改善について」（平成11年12月） 1999

中央教育審議会答申「学士課程教育の構築に向けて」（平成20年12月） 2008

中央教育審議会 キャリア教育・職業教育特別部会 第一回配布資料 2009
中央教育審議会答申「今後の学校におけるキャリア教育・職業教育の在り方について」（平成23年1月31日） 2011a
中央教育審議会 教員の資質能力向上特別部会 「教職生活の全体を通じた教員の資質能力の総合的な向上方策について（審議経過報告）」（平成23年1月31日） 2011b
経済産業省・社会人基礎力に関する研究会「社会人基礎力に関する研究会―中間取りまとめ―」（平成18年1月） 2006
国立教育政策研究所生徒指導研究センター「児童生徒の職業観・勤労観を育む教育の推進について（調査研究報告書）」（平成14年11月） 2002
厚生労働省職業能力開発局「エンプロイアビリティの判断基準等に関する調査研究 報告書」（平成13年7月） 2001
厚生労働省「『キャリア形成を支援する労働市場政策研究会』報告書」（平成14年7月） 2002
厚生労働省「若年者の就職能力に関する実態調査」（平成16年1月） 2004
(社)雇用問題研究会「教育再生のためのグランド・レビュー　キャリア教育の系譜と展開」（2008年3月） 2008
(社)雇用問題研究会「キャリア教育リーダーのための 図説キャリア教育」（2010年4月） 2010
文部科学省「キャリア教育の推進に関する総合的調査研究協力者会議（報告書）～児童生徒一人一人の勤労観，職業観を育てるために～」（平成16年1月） 2004
文部科学省「小学校・中学校・高等学校 キャリア教育推進の手引」（平成18年11月） 2006
文部科学省『小学校学習指導要領』（平成20年3月告示） 2008a
文部科学省『小学校学習指導要領解説』 2008b
文部科学省『中学校学習指導要領』（平成20年3月告示） 2008c
文部科学省『中学校学習指導要領解説』 2008d
文部科学省『高等学校学習指導要領』（平成21年3月告示）2009a
文部科学省『高等学校学習指導要領解説』 2009b
文部科学省『中学校キャリア教育の手引き』（平成23年3月） 2011a
文部科学省『小学校キャリア教育の手引き〈改訂版〉』（平成23年5月） 2011b
文部科学省『高等学校キャリア教育の手引き』（平成23年11月） 2011c
文部科学省 国立教育政策研究所生徒指導研究センター 「キャリア発達にかかわる諸能力の育成に関する調査研究報告書」（平成23年3月） 2011
文部科学省 国立教育政策研究所生徒指導研究センター　パンフレット「自分に気付き，未来を築くキャリア教育―小学校におけるキャリア教育推進のために―」（平成21年3月） 2009a
文部科学省 国立教育政策研究所生徒指導研究センター　パンフレット「自分と社会をつ

なぎ，未来を拓くキャリア教育─中学校におけるキャリア教育推進のために─」（平成 21 年 11 月） 2009b

文部科学省 国立教育政策研究所生徒指導研究センター　パンフレット「自分を社会に生かし，自立を目指すキャリア教育─高等学校におけるキャリア教育推進のために─」（平成 22 年 2 月） 2010

文部科学省 国立教育政策研究所生徒指導研究センター　パンフレット「キャリア教育の更なる充実のために─期待される教育委員会の役割─」（平成 23 年 2 月） 2011a

文部科学省 国立教育政策研究所生徒指導研究センター　パンフレット「学校の特色を生かして実践するキャリア教育─小・中・高等学校における基礎的・汎用的能力の育成のために─」（平成 23 年 11 月） 2011b

文部科学省 キャリア教育における外部人材活用等に関する調査研究協力者会議（報告書）「学校が社会と協働して一日も早くすべての児童生徒に充実したキャリア教育を行うために」（平成 23 年 12 月 9 日） 2011

文部省『中学校・高等学校進路指導の手引き第 15 集　体験的・探索的な学習を重視した進路指導─啓発的経験編─』（昭和 59 年 9 月） 1984

文部省『中学校・高等学校進路指導資料第 1 分冊』（平成 4 年） 1992

(財)日本進路指導協会「中学校・高等学校における進路指導に関する総合的実態調査報告書」文部科学省委託（平成 18 年 3 月） 2006

(財)日本進路指導協会 編／鹿嶋研之助 監修『キャリア教育 Q&A ワーク 中学校編』明治図書 2008

(財)日本進路指導協会（季刊）『進路指導』

※文部科学省・国立教育政策研究所関係の文献は，文部科学省（特に「進路指導・キャリア教育について」），国立教育政策研究所（特に生徒指導研究センター）のホームページからもダウンロード可能のものが多い。

索　引

■　あ　■

生きる力　27, 126, 130
移行（transition）　70
意思決定能力　42, 118
意欲・態度及び価値観　131
入澤宗壽　24
インターンシップ　97
エンプロイアビリティ　127, 130

■　か　■

学習指導　2
学習指導要領　37
　——（総則）　5
　——改訂　125
学士力　127, 130
課題解決能力　118
課題対応能力　42, 43
学校教育法　5, 36, 123
観察法　67, 85
キー・コンピテンシー　127, 130
基礎的・基本的な知識・技能　131
基礎的・汎用的能力　42, 131, 133
キャリア　114
　——の4つの能力　133
　——の4領域8能力　118, 133
　——の8能力　118
　——の定義　132
キャリア・エデュケーション　18, 20, 26
キャリア・カウンセリング　105
キャリア教育　12, 42, 112, 114, 138
　——の意義　119
　——の定義　132
　——の動向　121
　——の目標　120
キャリア教育報告書　113

キャリア発達　115
　——課題　118
キャリアプランニング能力　42, 43
教育基本法　2, 36
　——改正　121
教員に求められる資質能力　143
ギンズバーグ（Ginzberg, E.）　16
勤労観　6, 119
計画実行能力　118
形成的評価　68
啓発的経験に関する活動　96
検査法　67
校務分掌組織図　50, 52
コミュニケーション能力　118

■　さ　■

自己理解・自己管理能力　42, 43
自他の理解能力　118
社会人基礎力　127, 130
就職基礎能力　127, 130
情報活用能力　42, 118
情報収集・探索能力　118
将来設計能力　42, 118
職業観　6, 119
職業教育　20
職業興味検査　86
職業指導　15, 24
　——施設　16
　——の定義　26
職業調べ　49
職業生活の諸段階　18
職業的発達理論　16
職業理解能力　118
職業レディネステスト　91
職場体験　96
診断的評価　68
進路希望調査　85

索　引　　147

進路先選択・決定への援助活動　101
進路指導　138
　　——に関連する役割　47
　　——の計画　105
　　——の全体計画　13
　　——の定義　4, 77
　　——の評価　61
　　——の6つの活動領域　83
進路指導主事　80
進路指導組織体制　40
進路情報に関する活動　91, 94
進路相談活動　99
進路適性検査　86
進路発達　65, 69
　　——課題　13
スーパー（Super, D. E.）　16, 115
生徒指導　2
生徒理解の活動　83
全国職業指導協会（NVGA）　16, 26
全体計画　51, 54
選択能力　118
専門的な知識・技能　131
総括的評価　68, 69
総合化　13

■　　た　　■

体験活動　96
題材関連図　51, 56
対話・面接法　85
調査・検査法　85

調査法　67
追指導に関する活動　104
特性・因子理論　16
特別活動　125

■　　な　　■

人間関係形成・社会形成能力　42, 43
人間関係形成能力　42, 118
年間指導計画　51, 58

■　　は　　■

パーソンズ（Persons, F.）　15
プログラム化　13

■　　ま　　■

面接法　67

■　　や　　■

役割把握・認識能力　118

■　　ら　　■

ライフ・キャリア・レインボー（の虹）　18, 115
論理的思考力，創造力　131
ワーク・シャドウイング　49

編者略歴

新井 邦二郎
<small>あらい　くにじろう</small>

1969年	東京教育大学心理学科卒業
1974年	東京教育大学大学院教育心理学専攻博士課程満期退学
1980年	教育学博士（筑波大学） 埼玉大学助教授，筑波大学教授を経て
現　在	東京成徳大学教授・心理学研究科長
	発達心理学，教育心理学，発達臨床心理学専攻

主な著書・訳書

教育心理学（培風館，2009）
図でわかる学習と発達の心理学
（福村出版，2000）
図でわかる発達心理学（福村出版，1997）
モノセクシャル時代の父親学
（福村出版，1997）
教室の動機づけの理論と実践
（金子書房，1995）
事例発達臨床心理学事典（福村出版，1994）
やる気を引き出す授業
（共訳，田研出版，1991）

Ⓒ　新井 邦二郎　2012

2012年6月28日　初版発行

教職シリーズ 7
進　路　指　導

編　者　新井邦二郎
発行者　山本　格

発行所　株式会社　培風館
東京都千代田区九段南4-3-12・郵便番号102-8260
電話(03)3262-5256(代表)・振替00140-7-44725

東港出版印刷・牧　製本

PRINTED IN JAPAN

ISBN 978-4-563-05857-9 C3337